제주미각

고기국수부터
오메기떡까지,
척박한 땅에서 피어난
공생의 맛

제주미각

정민경
이하영
외 지음

폰저읍서예

문학동네

차례

서문 07

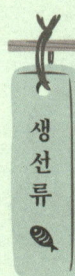
생선류

옥돔(만)이 생선이다: **옥돔구이** _고지영	13
은빛 물결이 담긴 제주: **갈칫국** _김서영	27
바다를 빼앗긴 사람들을 위한 위로 한 그릇: **자리물회** _이진영	39
쿰쿰하고도 짭짤한, 돼지고기의 짝꿍: **멜젓** _문성호	53

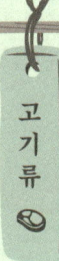
고기류

도마 위에 올려진 제주인의 삶과 지혜: **돔베고기** _김규태	69
금기와 풍습 사이의 역설: **말육회** _안영실	83
검은 암쉐가 진상 간다: **흑우구이** _김민경	97
제주가 겨울을 기억하는 방식: **꿩샤부샤부** _이진영	111

탕류

기쁨도 나누고, 마음도 나누는 맛: **몸국** _김규태	127
산에서 나는 소고기로 끓인 명품 국: **고사리 육개장** _문성호	139
제주 인심의 척도: **성게 미역국** _안영실	151

면류

수많은 제주 음식을 제친, 역전의 명수: **고기국수** _이하영 — 167
보말도 궤기여: **보말칼국수** _정민경 — 179

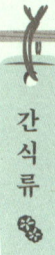

간식류

빙빙 말아 먹는 웰빙 디저트: **빙떡** _고지영 — 195
모임떡, 행사떡, 답례떡…… 제주인의 정: **오메기떡** _김민경 — 207
유년의 추억과 새로운 경험을 선사하는 별미: **지름떡** _김서영 — 219
제주에 뿌리내린 역동성: **당근케이크** _이가영 — 231

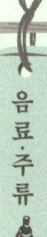

음료·주류

여름을 여는 맛: **보리개역** _이하영 — 247
황금 열매로 만든 신선의 음료: **감귤주스** _정민경 — 261
쉰밥의 도도한 변신: **쉰다리** _이가영 — 277
어머니의 향과 땀이 담긴 술: **고소리술** _김은희 — 291

일러두기
- 고유명사 표기는 국립국어원 어문 규정에 따랐으나 일부 사투리와 옛말, 음식명은 고유의 느낌을 살리고자 통용되는 명칭을 허용했다.
- 입말을 살린 사투리는 저자의 표현을 따랐다.

서문

제주미각, 척박한 땅에서 피어나다

바다를 중심으로 지도를 뒤집어보면, 제주는 단순히 대한민국 최남단에 위치한 섬이 아닌 해양 문화를 선도하는 또다른 모습을 드러낸다. 설문대할망이 정성을 다해 만든 아름다운 이 섬은, 조선시대부터 신선이 살고 불로초가 자라는 삼신산 중 하나인 영주瀛州로 불렸다. 진시황은 불사의 염원을 이루기 위해 동쪽 바다로 영주를 찾아나섰고 명을 받은 서복은 제주에 도착한다. 서귀포는 서복이 제주 서西쪽에 위치한 중국으로 돌아간歸 포구浦라는 의미이다. 신선의 땅 영주에는 신비로운 약초가 자라고 옥석이 많으며 장수할 수 있는 샘물인 옥례천玉醴泉이 있다는데, 한라산에서 자라는 다양한 동식물과 화산 활동으로 형성된 현무암, 화산 암반수에서 솟아나는 맑은 물이 어우러진 땅 제주가 바로 그런 곳이 아니던가! 그러니 어찌 제주를 영주라 부르지 않을 수 있겠는가!

제주는 바다 건너洲에 존재하는 고을州이라는 뜻이다. 제주라고 불리기 전에는 마한 서쪽에 존재하는 섬나라 주호洲胡였고, 12세기까지는 독립 왕국 탐라였다. 탐라라는 명칭도 섬이라는 뜻이라고 하니 제주는 그 이름부터 섬의 특징을 오롯이 가지고 있는 셈이다. 바다에 둘러싸인 산인 섬 제주. 한라산의 산물과 바다의 산물이 이곳에 공존한다. 역사적으로 제주는 몽골을 통해 드넓은 초원의 맛을 받아들였으며, 조선시대에는 특산품을 진상하느라 힘든 삶을 살았고, 일제강점기에는 수탈의 아픔을 겪으면서도 독자적인 음식 문화를 형성해왔다. 제주 음식은 단순한 먹거리가 아니다. 제주 음식에는 제주 사람들의 삶에 대한 철학과 역사, 문화 그리고 이야기가 녹아 있다.

외지 사람들에게 제주는 바다 한가운데 위치한 미지의 섬이자 신선의 땅이었지만 제주 사람들에게는 삶의 터전이었다. 화산 활동의 영향으로 제주는 세계문화유산에 등재될 만큼 풍광은 수려하지만 화산 회토로 이루어진 척박한 땅에서 풍족한 먹거리가 나지는 못했다. 쌀이 나지 않아서 밭쌀인 산듸를 심었고 남은 밥까지 활용하여 음식을 만들었다. 제주에서는 쌀 대신 대부분 조, 메밀, 보리, 콩 같은 잡곡이나 고구마, 감자 같은 구황작물을 농사지었기에 육지와는 다른 음식 문화가 발달했다. 오늘날 관점에서 보면 일종의 영양식인 셈이다.

게다가 남쪽 섬에서만 생산되는 소중한 산물인 감귤과 전복 등을 도성으로 진상하느라 제주 사람들의 삶은 더욱 피폐해졌다. 제주의 여인들은 물질과 밭일로 바빠 지내느라 음식을 만드는 데 공을 들일 수 없었다. 바다나 산에서 방금 구해온 재료 하나만 있으면 한끼가 뚝딱 완성되었다. 우영팟(텃밭)에서 금방 따온 나물을 넣어 음식 하나쯤은 손쉽게 만들어 내놓을 수 있었다. 제주의 척박한 환경은 자연에 순응하며 서로 돕는 공생의 문화를 만들어냈다. 관혼상제 때에는 서로 도와 음식을 만들기도 하고 부조를 대신해 이웃에서 음식을 해오기도 했다. 낭푼(양푼) 하나에 밥을 가득 담고 몇몇 반찬을 모두 넣어 나눠 먹는 낭푼밥은 척박한 환경에서 함께 살아가기 위한 몸부림이었다. 신선의 섬을 찾는 발길이 끊이지 않는 요즘, 제주는 토속 음식에 현대적인 감각을 더하며 제주만의 다채로운 식탁을 만들어가고 있다.

    세월이 흘러 제주의 문화도 미디어를 통해 알려졌지만 제주에 온 외지 사람들은 독특한 음식 문화 때문에 여전히 놀란다. 이 책은 그런 분들을 위해 제주대학교 중어중문학과에서 함께 공부하는 연구자들이 모여 만들었다. 제주가 고향이거나 제주에 오래 살며 제주를 사랑하는 분들이 전하는 이야기라 제주에 대한 애정이 가득하다. 처음 연구실에서 만나 목차를 정하면서 자신의 경험을 즐겁게 나누며 시간 가는 줄 몰랐다. 한문에 익숙한 연구자들이라 매주 제주의 옛 문헌을 읽으며 전통을 체험하고 자료를 조사하며 현재를 읽어갔다. 제주의

서문

연구자들과 함께 써내려간 이 책은 제주의 공식共食 문화와 닮았다.

『제주미각』은 『중화미각』 『부산미각』 『종로미각』이 그러했듯이 식당의 차림표처럼 제주의 맛을 이야기와 함께 펼쳐놓는다. 『중화미각』부터 각 지역의 특색 있는 음식을 소개해주신 부산대학교 최진아 선생님 덕분이다. 『제주미각』도 제주만의 풍성한 지식을 곁들여 맛있는 한 상을 차려내본다.

이제 이 책을 통해 척박한 땅에서 음식 문화를 꽃피운 제주 사람들의 이야기를 들어보자. 그 이야기에 귀기울이다보면, 자연과 역사의 힘을 넉넉히 담아낸 제주의 맛에 푹 빠져들게 될 것이다.

2025년 8월 무더위에
저자를 대표해서 정민경 쓰다.

생선류

옥돔구이

옥돔(만)이 생선이다

생선류

제주는 땅도 넓지 않은데 사투리는 동서남북이 조금씩 다르다. 그래서 옥돔을 부르는 명칭도 '오토미, 오톰, 솔라니, 솔레기, 셍성, 셍선' 등 다양한데, 여기서 '셍성, 셍선'은 중세어 '싱선'에서 비롯된 것으로 생선을 뜻하면서 또한 옥돔을 가리키는 말이기도 하다. 제주 사람들이 옥돔을 생선이라 부르고, 또 "옥돔만 생선"이라며 치켜세우는 이유 중 하나다.

제주 제사상의 시그니처, 옥돔국과 옥돔구이

옥돔은 명절이나 제사에 없어서는 안 될 생선으로 일어이역一魚二役

을 담당한다. 생옥돔은 탕으로, 말린 옥돔은 구이로 제사상에 올라가는데, 같은 듯 다른 맛을 내며 조상님의 사랑을 독차지한다. 사면이 바다인 제주에 널리고 널린 게 생선이거늘 유독 옥돔만 제사상에 올리는 까닭은 무엇일까?

제사상에는 일반적으로 옥돔미역국을 올리는데 큼지막한 생옥돔을 미리 준비했다가 쓴다. 끓는 물에 옥돔을 넣어 한소끔 끓이다가 가시를 발라 건져낸 후 미역을 넣고 간을 하면 옥돔미역국이 완성된다. 생선국임에도 전혀 비릿하지 않고 옥돔의 육질 덕분에 부드럽고 단맛이 도는 옥돔미역국은 생옥돔으로 끓여야 제맛이지만 말린 옥돔을 쓰기도 한다.

국은 이렇듯 융통성 있게 생물이나 말린 것을 사용해도 되지만 제사용 생선구이는 말린 옥돔만 쓴다. 육지에서는 배를 가르지 않은 생선을 찜이나 포 등으로 다양하게 조리하여 제사상에 올리는 데 반해,

옥돔미역국 ⓒ지은이네밥상

생선류

옥돔국과 옥돔구이 ⓒ현지은

제주에서는 옥돔의 배를 갈라 펼쳐서 말린 옥돔구이 하나로 모든 걸 대신한다는 점도 유의할 만하다. 이는 모두 옥돔의 특성 때문이다. 제주에서 배라고는 통나무를 엮어 만든 '테우'가 고작이던 시절에는 수심 깊은 곳에 사는 옥돔을 잡는 일도, 수분이 많은 옥돔의 신선도를 유지하는 일도 여간 어렵지 않았다. 용케 옥돔을 잡으면 제삿날까지 잘 보관하는 것이 관건이었을 터. 오래 보관하려면 옥돔의 배를 갈라 건조나 염장을 하는 게 최선이었다. 이렇게 손질된 옥돔은 빨랫줄에 널어서 말렸는데, 이때 길고양이와 새들로부터 옥돔을 보호하기 위해 집안 꼬마들은 옥돔 보초를 서야 했다. 그렇게 제삿날이 되면 옥돔의 머리와 몸통이 분리되지 않게, 그리고 꼬리가 타지 않게 숯불에 조심조심 정성스레 구웠다. 그야말로 온 가족이 옥돔 사수에 동원됐다 해도 과언이 아니다.

제주에서는 제사상에 올라간 옥돔이 온전치 못하면 친척들에게 정성이 부족하다는 핀잔을 듣는다. 게다가 옥돔이 없으면 제사상을 차릴 수 없다는 말까지 있을 정도이니, 옥돔이야말로 제사상의 시그니처라 할 만하다. 비록 육지처럼 다양한 어종으로 화려한 요리 솜씨를

송용한, 〈섬 고냉이〉, oil on canvas, 31.8×40.9cm, 2022

뽐낼 수는 없더라도, 제사상에 올리는 생선은 머리부터 꼬리까지 흐트러짐이 없어야 한다는 예를 지키면서 나름대로 가장 귀하게 여기는 생선을 조상님께 올리는 것이다.

반盤 최고의 인플루언서, 옥돔구이

제주에는 제사가 끝나면 어른, 아이 할 것 없이 모두 공평하게 제사 음식을 나누어주는 '반盤 테우기(나누기)' 문화가 있다. 이때 반(접시) 위에서 가장 많은 팔로워를 거느린 인플루언서가 있으니, 바로 짭조름한 옥돔구이다. 옥돔구이는 삼삼한 빙떡의 단짝으로 알려져 있는데,

생선류

제사상의 심심한 떡들이 모두 옥돔구이를 팔로우하고 있다. 그리고 옥돔구이는 제삿집 아이의 팔로워에도 영향을 미쳤다.

제사가 끝나기 무섭게 제삿집 아이는 자기 몫의 반을 빨리 달라고 성화를 부렸다. 옥돔구이가 있어야 동네를 돌아다니며 친구들에게 으스대기도 하고, 한 점 먹어보라며 인심을 쓸 수도 있었기 때문이다. 그렇게 자기 몫의 반을 받으면 호가호위하는 여우처럼 기세등등 동네 아이들을 주름잡으며 팔로워를 늘려나갔다.

집성촌이 많은 제주에서 제삿날은 사촌들의 서열도 바꾸어놓았다. 먹을 것이 귀하던 시절, 어린아이들에게 친척집 제삿날은 뷔페 가는 날처럼 신나는 날이었다. 그래서인지 제삿날이 가까워질 무렵 싸우기라도 하면 제삿집 아이가 "너 우리집에 식게(제사) 먹으러 오지 마!"라며 으름장을 놓기도 했다. 제사 음식이 아이들에게는 권력이나 다름없었던지라 제사를 앞둔 집 아이의 비위는 사촌이라 해도 절대 건드리면 안 됐다.

밥상 위의 호사, 당일바리 통옥돔

옥돔이 제주 생선의 대명사가 된 이유에는, 제사상에 올릴 정도로 옥돔이 귀했기 때문도 있지만, 그 옛날 제주에선 밥반찬으로 먹던 흔하디흔한 생선이 옥돔이었기 때문도 있다.

제주목사로 부임한 부친을 만나기 위해 제주를 방문한 문신 임제가 쓴 『남명소승南溟小乘』을 보면 당시 제주에서 옥돔이 얼마나 흔했는지를 알 수 있다.

동산 열매로는 금색 귤이 가장 보배요,
반찬으로는 옥두어가 많이 쓰이네.
나무통에 샘물 길어 아이 업듯이 하고,
집마다 돌 쌓아 마을 어귀 문을 만드네.

한 폭의 그림처럼 제주의 모습을 사실적으로 담은 이 시에서 반찬에 옥두어, 즉 옥돔이 많이 쓰였다는 표현이 과장이 아님은 임제가 제주를 떠나며 쓴 글에서도 찾을 수 있다.

이른 아침에 급히 행장을 갖추고 들어가 부친께 하직인사를 드린 후 별도포로 나갔다…… 한 어선이 스치고 지나가면서 옥두어 몇 마리를 던져주어 그럭저럭 저녁 찬거리를 채웠다.

옥돔을 잡아서 크고 실한 놈은 조상님 몫으로 미리 장만해두고, 나머지는 밥반찬으로 먹었음을 알 수 있다. 소금도 귀하고 저장 기술도 발달하지 않았던 제주에서 진상용과 제사용 이외의 옥돔은 바로바로

생선류

옥돔마을 ⓒ고지영

소비할 수밖에 없었을 터. 그러니 귀한 생선 옥돔을 찬거리로 먹을 수 있었던 것인데, 지금도 제주에서는 종종 밥반찬으로 옥돔이 밥상에 올라온다.

  밥반찬으로 먹는 옥돔은 당일바리, 곧 그날 잡은 것을 최고로 친다. 제주 남원읍 태흥리에 위치한 옥돔마을에는 당일바리 옥돔만 취급하는 위판장이 있다. 이른 새벽 조업을 나갔던 배가 점심때쯤 하나둘 들어오면 옥돔을 크기별로 선별하여 팔기 시작한다. 옥돔은 1번이 가장 큰데, 반찬용으로는 6번 크기가 많이 쓰인다. 여름철 금어기를 제외하면 옥돔을 구하기가 어렵지 않지만, 겨울철 옥돔이 맛도 좋고 건조하기도 쉬워 이때 옥돔을 장만하는 사람들이 많다. 위판장이나 직판장

국거리용 1번 크기 옥돔(위)
제수용 3번 크기 옥돔(아래) ⓒ제주온생선

반찬용 6번 크기 옥돔 ⓒ제주온생선

에 직접 가서 옥돔을 살 수도 있고, 당일바리 옥돔을 건조해서 파는 곳에 주문해도 된다. 김장 준비하듯 생선도 싸고 맛날 때 미리 장만해놓는 것인데, 그래서인지 제주 가정집에는 냉동고가 따로 있는 집들이 더러 있으며 실제로도 가정용 냉동고 판매가 가장 많은 지역이 제주라고 한다.

일반적으로 옥돔 하면 배를 갈라 염장하여 꾸덕꾸덕 말린 것을 떠올리지만 통으로 말리기도 한다. 당일바리 통옥돔구이는 펼쳐서 말린 것에 비해 덜 짜고 부드러워 아이들이나 노인들이 먹기에도 좋다. 그리고

당일바리 통옥돔 ⓒ제주온생선

생선류

통옥돔지리 ⓒ고지영

당일바리 옥돔은 신선함을 자랑하기 때문에 옥돔지리를 끓이기에도 제격이다.

중국에서 가장 오래된 농업기술서인 『제민요술齊民要術』에서는 생선구이炙魚는 '흰살생선白魚'이 가장 좋고 '통째'로 쓰라고 제시하고 있는데, 옥돔도 그 옥체를 건드리지 말고 통째로 요리하면 연하고 부드러운 살점을 오롯이 느낄 수 있다.

옥玉돔의 티, 잔가시

옥돔은 생선 자체의 단맛 덕분에 프라이팬에 기름만 두르고 구워도 여느 식당 못지않은 맛을 낼 수 있다. 그래서 밥반찬용으로도 손님용으로도 휘뚜루마뚜루 할 수 있는 요리가 옥돔구이인데, 이러한 옥돔에도 옥玉의 티가 하나 있다. 바로 잔가시다. 옥돔의 잔가시는 아주 작고 가늘어서 어른들은 그냥 무시하고 삼켜버리기도 하지만, 어린이들은 다칠 수 있어서 귀찮아도 하나하나 발라주어야 한다.

잔가시를 잘 발라내려면 절대 옥돔의 살점을 후벼파서는 안 된다.

그러면 가시의 위치 파악이 어려워지기 때문이다. 갓 구운 옥돔을 빨리 한 점 맛보고 싶다면, 잔가시가 없는 꼬리 부분을 먼저 먹으면 된다. 잔가시는 척추 가시 라인을 따라 살점 사이사이에 하나씩 붙어 있다. 잔가시를 바를 때는 좌우대칭이 되도록 나눈 뒤 젓가락으로 살점 옆을 살짝 긁듯이 훑어 내려가면 된다. 그러면 나뭇가지로 계단 난간을 훑으며 내려갈 때 통통 소리가 나듯 잔가시가 툭툭 걸리는 느낌이 난다. 옥돔의 살점이 희고 잔가시도 얇아서 흰머리를 골라내는 것보다 정교함을 요한다.

하지만 식당에서 단품으로 주문하면 나오는 옥돔구이는 크기도 크고 펼쳐진 옥돔이라 잔가시를 발라내는 게 그리 어렵지 않다. 그리고 식당의 통옥돔구이는 대개 튀기듯 조리하기 때문에 잔가시도 바삭바삭해서 씹어 먹을 수 있다.

가정에서 밥반찬으로 요리할 때는 충분히 익었다고 생각되었을 때 딱 한 번만 뒤집어야 한다. 옥돔의 살점이 부드러워 여러 번 뒤집으면 자칫 살이 흐트러질 수 있기에 한 번의 기회를 잘 잡아야 옥돔의 옥체

집에서 구운 통옥돔구이(왼쪽), 식당의 통옥돔구이(오른쪽) ⓒ고지영

생선류

도 보존할 수 있고, 잔가시의 위치 파악도 쉬워진다.

옥돔(만)이 '셍선'이다

옥돔에 대한 기록은 『세종실록지리지世宗實錄地理志』에 '옥두어玉頭魚'라 표기된 것을 최초라 본다. 제주목사들이 쓴 『남환박물南宦博物』과 『탐라지초본耽羅誌草本』에도 옥두어가 등장하는데, 여기에는 생어生魚라는 표현도 함께 나온다. 언뜻 살아 있는 물고기를 뜻한다고 생각될 수 있지만, 그보다는 생선과 옥돔의 의미를 담은 제주어 '셍선'의 한자 표기라 짐작된다. 옥두어는 전국적으로 통용되던 옥돔의 표준어 명칭이었고, 생어는 제주 사투리 셍선을 글말로 표기한 것으로 보인다. 그렇다면 제주 사람들은 왜 하필 옥돔에만 다른 이름을 붙이지 않고 '셍선(생선)'이라 불렀을까?

옥돔은 수심이 깊은 펄에 구멍을 파서 고개만 빼꼼 내밀고 산다. 그래서 옥돔을 잡기 위해서는 낚싯줄도 해저에 닿을 만큼 길어야 했으며, 그물로 낚지 못하는 탓에 한 마리씩 잡아 올려야 했다. 그렇게 힘들게 잡아 올린 옥돔은 제주에서 생선으로는 유일하게 진상품 대열에 들 정도였으니, 물질하는 이의 얕은 학문으로 어쭙잖게 명명하지 못하고 그저 '셍선(생선)이다'라 할 수밖에. 그 어떤 이름을 붙여도 거추장스럽고 마뜩잖은 것은 예나 지금이나 마찬가지인지, 현재까지도 제주에선 옥돔만 홀로 생선이라는 대명사를 꿰차 "옥돔이 생선이고, 옥돔만 생선이다"라고들 말한다.

이러한 옥돔의 위세 때문인지 옥돔과 같은 식구라 주장하거나 자기가 마치 옥돔인 양 행세하는 생선이 있다. 먼저 옥돔을 참돔, 감성돔과 같이 '도밋과'에 속하는 생선으로 알고 있는 사람들이 많은데, 옥돔은 옥두어, 황옥돔과 함께 '옥돔과'에 속한다. 또 옥두어라는 명칭이 옥돔의 옛 한자어 표기여서 옥돔과 옥두어를 같은 생선으로 착각하는 사람들이 있으나, 현재 옥두어라 불리는 생선은 옥돔과 비슷하게 생겼지만 엄연히 다른 생선이다. 마지막으로 옥돔은 국내산, 옥두어는 중국산이나 베트남산이라는 인식도 잘못됐다. 왜냐하면 제주 바다에서도 옥두어가 잘 잡히기 때문이다.

시장에서 옥돔과 옥두어를 같이 팔기도 하고 간혹 옥두어가 옥돔으로 둔갑해 팔리기도 하기에, 옥돔을 살 때는 도플갱어 옥두어가 아닌지 잘 확인해야 한다. 옥돔은 전체적으로 붉고 눈 아래 은백색 가로무늬가 있으며 몸통과 꼬리에 노란 띠가 있는 것이 특징이다. 그러나 옥

옥돔(왼쪽)과 옥두어(오른쪽) ⓒ고지영

돔과 옥두어가 같은 과에 속하는 생선이다보니 일반인은 헷갈리기 마련이다. 그럴 때는 주저 말고 상인에게 물어보자.

"이거 셍선이꽈(이거 옥돔이에요)?"

고지영 ♦ 동국대학교 WISE 인문학연구소 전문연구원
동국대학교에서 중국 고전 『장자』의 문학적 글쓰기를 분석하는 논문으로 석사학위를 받았고, 제주대학교에서 『장자』의 설득의 글쓰기와 이를 활용하는 방안을 제시하는 논문으로 박사학위를 취득했다. 현재 장자와 후학들의 문체 및 레토릭을 비교 연구하고 있으며 한국어 교육에도 몸담고 있다.

은빛 물결이 담긴 제주

갈칫국

생선류

바다 위에 떠 있는 수많은 작은 달 같은 고기잡이배 불빛 ©강인철

제주의 밤바다, 어둠 속에서 하나둘씩 어선들이 밝힌 불빛이 수평선을 따라 은은하게 퍼져나간다. 이 불빛들은 마치 크고 작은 수많은 달이 반짝이는 것처럼 바다를 환하게 물들이며 은갈치들을 유혹한다. 어부들은 이 마법 같은 밤을 무대로 갈치잡이에 나선다. 낚싯줄이 던져질 때마다, 은빛 갈치들이 줄줄이 솟아오르며 자신의 존재를 드러낸다. 제주 바다는 이렇게 은갈치의 반짝임으로 물들어가고, 이 신비로운 밤 풍경 속에서 사람들은 마치 꿈속을 걷는 듯 제주의 매력에 흠뻑 빠져든다.

'군대어' '검어' '도어' 갈치의 다른 이름들

제주 은갈치 ⓒ김서영

갈치는 독특한 외모 덕분에 다양한 이름을 가지고 있다. 속치마를 묶는 띠를 연상시키는 모습 때문에 '군대어裙帶魚'라는 별칭을 얻었고, 한글로는 '갈티'라는 이름으로 기록되기도 했다. 칡줄기처럼 가늘고 긴 형태 때문에 '갈치葛侈'라 한다는 기록도 있는데, 여기서 '갈'은 빌려서 쓴 글자라는 의미의 차자借字로 해석되기도 한다. 허리띠와 같은 외형에서 비롯된 '대어

생선류

帶魚'라는 이름 외에도, 날렵한 칼을 닮은 생김새 덕분에 '검어劍魚'나 '도어刀魚'라는 이름도 얻었다. 신라시대에는 '칼'을 '갈'이라 불렀기 때문에 '갈치'라 불렸다고 전해진다. 새끼 갈치는 그 유연하고 휘어진 모습 덕분에 '풀치'라 불리는데, 제주에서는 이 작은 갈치를 '멜갈치' 또는 '댕기갈치'라고 칭하며 그 매력을 더한다.

바닷속에서 빛을 따라 은빛 물결을 일으키며 유영하는 갈치는 특별한 매력을 발산하는 존재다. 물속을 누비는 갈치의 모습은 수많은 칼날이 물결을 타고 흐르는 듯한 장관을 연출한다. 이 모습을 보면, 꼿꼿이 서 있는 '대쪽 같은 선비'의 기품이 느껴지기도 한다. 갈치는 이동할 때는 'S자' 모양의 곡선을 그리며 수평으로 빠르게 헤엄치고, 먹이가 나타나면 번개처럼 날렵하게 잡아챈다. 재미있게도 갈치는 주로 서서 헤엄을 치고, 잠을 잘 때도 머리를 위로 향한 채로 자는 독특한 습성을 가지고 있다. 여러 명이 꼿꼿이 몸을 편 채로 자는 모습을 그래서 '갈치잠' 또는 '칼잠'이라 부르게 된 것이다.

갈치는 갈고리 같은 날카로운 이빨로 오징어, 새우 등을 닥치는 대로 잡아먹는 육식성 어류다. 산란기가 되면 이 육식성은 더욱 강해져, 때로는 자신의 꼬리를 물거나 다른 갈치를 뜯어먹는 야만적인 면모를 보이기도 한다. '갈치가 갈치 꼬리를 문다'라는 속담이 있는데, 동료들끼리 돕기는커녕 서로 모함하거나 해치는 상황을 비유적으로 표현할 때 종종 사용된다.

갈치의 포악한 성격 때문에 사람들은 갈치가 급하고 예민한 생선이라고 생각하게 되었고, 그래서 갈치는 낚아올리자마자 제 성질을 못 이겨 바로 죽어버린다고 여겼다. 그러나 실은 심해에서 살던 갈치가 수면 위로 올라오면서 기압 차를 견디지 못하고 죽는 것이다. 이러한 오해에도 불구하고, 갈치는 신선한 상태로 맛볼 수 있는 고급 생선으로 인정받고 있다. 갈치의 포악함은 사실 생존 본능의 발로이며, 그 이면에는 바다의 혹독한 환경에서 살아남으려는 치열한 삶의 투쟁이 담겨 있다.

갈치를 잡는 두 가지 방법, 주낙과 채낚기

제주의 갈치철은 여름부터 가을까지인데, '10월 갈치는 삼겹살보다 낫고 은빛 비늘은 황소 값보다 높다'는 속담이 있을 정도로 특히 10월이 제철이다. 이 시기에 잡히는 갈치는 살이 올라 그 맛이 절정에 이른다.

갈치철이 되면 제주의 밤바다는 어부들의 활기로 넘쳐난다. 성산포항은 갈치잡이의 중심지로, 수백 척의 배가 좋은 자리를 선점하기 위해 앞다투어 항구를 떠나 밤바다를 환하게 밝힌다. 가까이서 보면, 대낮처럼 환한 불빛 아래 어부들이 분주히 갈치잡이를 준비하는 모습이 눈에 들어온다. "강남의 강 갈치야~"로 시작되는 〈갈치 낚는 소리〉가 파도를 타고 퍼지면, 이는 갈치잡이를 개시하는 신호가 된다. 그리고 만선을 바라는 어부들의 간절한 마음이 밤바다를 가득 채운다.

제주에서는 주로 '주낙'과 '채낚기'라는 두 가지 방법으로 갈치를 잡는다.

주낙, 일명 연승延繩은 옛말로 '줄낚'이라 했다. 여기서 '낚'은 낚시를 의미한다. 굵고 긴 낚싯줄에 일정한 간격으로 여러 개의 추를 달고 낚싯바늘에 미끼를 끼워 던지는 방식이다. 주낙통에 낚싯줄을 담아두었다가 멀리 바다로 던져, 여러 포인트에서 갈치를 차례로 거두어 올리며 대량으로 잡아내는 것이다. 미끼로는 꽁치나 신선한 생멸치를 주로 사용한다. 특히 꽁치는 갈치가 좋아하는 생선인데, 육질이 단단해 바닷속에서도 오랫동안 미끼 역할을 해낸다. 한편 씨알이 굵은 갈치를 낚는 데는 풀치가 좋은 미끼가 된다.

갈치는 수온과 수심에 따라 움직이기 때문에, 적절한 조류를 기다리는 것이 중요하다. 〈갈치 낚는 소리〉에서 어부들은 '초거리로 열 닷 발 거리요 중거리로 스무 닷발, 장거리로 마흔 닷발 거리'라고 노래하는데 그 가사를 따라 낚싯줄을 다양한 거리로 던져, 각기 다른 위치에 있는 갈치를 효율적으로 잡아낸다. 1990년대 초부터 제주에서 사용된 이 주낙 어업은 큰 어선들이 주로 선단을 이루어 조업한다.

연승(주낙)통 ©강인철

다음으로 채낚기는 원래 참치(가다랑어)와 같이 큰 물고기를 낚싯대로 채어 잡는 데서 시작되었다. 이 방법은 특히 갈치잡이에 효과적이다. 갈치가 모여 있는 포인트에 어부들이 도착하면, 배가 조류에 휩쓸리지 않도록 물풍닻을 띄우고, 집어등을 밝혀 갈치를 모은다. 긴 낚싯줄에 여러 개의 낚싯바늘과 봉돌이 달려 있는데, 이를 깊은 바다로 던져 갈치를 잡아올린다. 이 방식은 주낙 어업이 개발되기 전부터 사용되어왔고, 적은 양의 갈치를 상처 없이 신선하게 잡는 데 탁월하다.

갈치는 빛을 따라 모이는 성질이 있어, 어부들은 이 특성을 이용해 갈치를 유인한다. 낚싯줄에 형광색 호스를 끼워 물속에서 빛을 발하게 하면, 마치 미지의 세계로 초대장을 받은 듯 깊은 수심 아래에 머물던 갈치들이 모여든다. "짚이 가면 짚도뱅이 얕이 가면 얕도뱅이"라는 〈갈치 낚는 소리〉 가사대로 어부들은 깊은 곳에서는 깊게, 얕은 곳에서는 얕게 낚싯줄을 드리우는 노련함을 발휘한다.

채낚기는 상당한 체력을 요구하지만 어부들은 자연스레 체득한 그들만의 노하우로 낚싯대가 어느 정도 휘어지는 그 순간을 놓치지 않고 서둘러 낚아올린다. 그러면 과작한(튼실한) 갈치들로 가득찬 배라는 보상이 돌아온다.

최근 제주에서는 낚시어선 선주들이 SNS를 통해 '제주 밤 선상 갈치낚시'를 적극적으로 홍보하고 있다. 푸른 바다 위에서 은빛으로 반짝이는 갈치를 낚을 때의 쏠쏠한 재미와 손끝에 전해지는 짜릿한 손

생선류

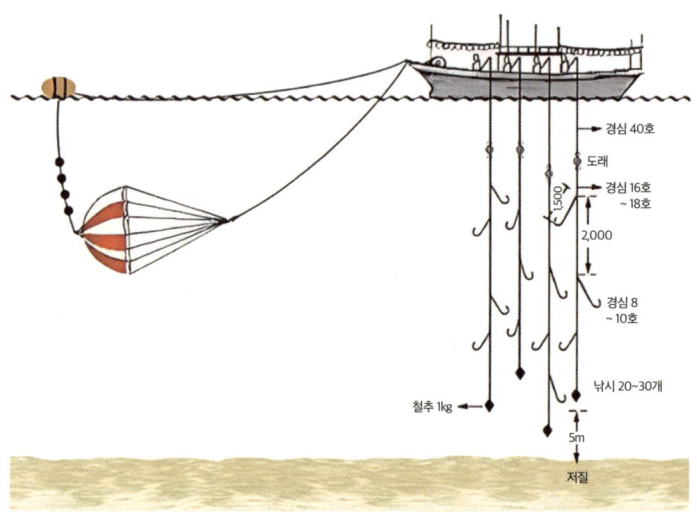

다수 인력 조업형 갈치 채낚기 조업 모식도(제주)
ⓒ제주도민일보, 「갈치조업방식 개선 '인력난 경비 절감'」, 2016. 11. 10. 기사

맛이 매력으로 다가간 모양이다. 이에 야간 갈치잡이 체험은 관광객들 사이에서 인기를 끌며, 제주 경제에 활력을 더하고 있다.

자연의 맛을 최대한 살리는 제주만의 조리법

제주 음식은 요리랜 헐거 어서(우리 제주 음식은 딱히 요리라 할 만한 게 없어)

바당에서 나는 갯것허고(바다에서 나는 식재료랑)
우영팟에서 나는 노얼(나물)허고 행으내(텃밭에서 나는 식재료를 가지고서)
경 행 먹으멍 살았주게(그렇게 해서 먹으면서 살았지)

제주도는 육지와는 다른 독특한 음식 문화를 가지고 있으며, 그중에서도 국물 요리, 특히 탕국류는 제주 음식을 이야기할 때 절대 빼놓을 수 없다. 제주 전통 음식이 무려 453가지나 되는데, 그중 78가지가 국물 요리라는 사실은 실로 놀랍다. 그런데 왜 제주에서는 이렇게 국이 발달했을까? 그 답은 바로 제주의 특별한 환경과 생활방식에 숨어있다.

제주에서는 쌀이 귀하여 보리, 차조, 메밀과 같은 잡곡이 주식이었다. 거친 식감의 잡곡밥을 부드럽고 씹기 좋게 만들어주는 데 국물만한 친구가 없었을 것이다. 또한 식량이 부족하던 시절에는 국물로 양을 늘려 여러 사람의 배를 채우기도 했다. 논농사가 발달하지 못한 대신 바다의 수산물과 산지의 임산물이 주된 먹거리였고, 이것의 채취는 주로 여성들이 도맡았다. 집안일과 경제 활동을 병행해야 했던 그녀들에게 국은 빠르고 간편하게 만들 수 있는 최고의 메뉴였을 것이다. 이러한 이유로 제주에서는 빠르게 끓여 먹는 국 요리가 발달했다. 신선한 재료가 가진 자연의 맛을 최대한 살리는 제주만의 독특한 조리법이다.

생선류

　사방이 바다로 둘러싸인 제주는 신선한 해산물과 채소를 손쉽게 구할 수 있어 자연의 풍요로움을 바탕으로 한 요리가 발전했다. 특히 갈치의 경우 다른 지역에서는 국 재료로 잘 사용되지 않지만 제주에서는 흔히 국으로 만들어 먹는다. 갓 잡아올린 신선한 갈치에 최소한의 양념을 더해 끓여낸 갈칫국은 바다를 담은 듯한 신선한 맛을 자랑한다. 갈칫국을 맛보지 않은 사람들은 그 맛도 잘 상상이 되지 않고, 비린내가 날까봐 걱정도 할 것이다. 하지만 막상 제주에서 직접 그 맛을 보면 깔끔한 국물 맛에 절로 감탄하게 된다. 갈칫국의 특별한 맛을 경험하면, 왜 제주 사람들에게 국이 중요한지 자연스레 이해하게 될 것이다.

갈치와 고추의 하모니, 갈칫국의 토속적 매력

제주의 토속적인 매력을 간직하고 있는 갈칫국은 조리 과정이 간단하면서도 그 맛은 깊다.

갈치 손질

　먼저 갈치를 적당한 크기로 손질한다. 큰 냄비에 물을 넣고 팔팔 끓인 다음, 우영팟(텃밭)에서 자란 배추와 제철을 맞은 늙은 호박을 큼직하게 썰어서 넣어준다. 이때 배추의 시원한 맛과 호박의 자연스러운 단맛

늙은호박, 알배추, 청양고추 준비

갈칫국 끓이기

완성된 갈칫국
ⓒ원정희

이 육수 없이 맹물로 끓이는 국물에 스며들면서 깊은 맛을 더해준다. 손질한 갈치를 살포시 넣고 국물이 다시 끓어오르면 중불로 줄여 갈치를 부드럽게 익힌다. 이 과정에서 갈치의 담백함이 국물에 배어들어 맛이 한층 깊어진다. 갈치가 익어갈 즈음, 소금과 간장으로 간을 맞춘다.

제주 갈칫국은 그 자체로도 충분히 매혹적이지만, 그 맛의 깊이를 한층 더하는 숨은 조력자가 있으니, 바로 '고추'다. 마지막으로 얇게 어슷썬 청양고추를 국에 넣는다. 청양고추가 들어간 갈칫국은 비린내 없이 끝까지 깔끔하고 칼칼한 맛을 전한다.

이 특별한 갈칫국을 맛보고 싶다면 지금 당장 제주로 떠나보는 건 어떨까. 제주도의 푸른 밤과 별빛 아래에서 따끈따끈한 갈칫국 한 그릇을 맛보며, 일상의 걱정을 잠시 잊어보자. 그 특별한 순간을, 그 특별한 맛을 놓치지 말고 꼭 경험해보시라!

생선류

김서영 ◆ 제주대학교 인문과학연구소 특별연구원
중국 길림대학교에서 학사 및 석사 과정을 마치고 제주대학교에서 음운학 전공으로 박사학위를 취득했다. 중국 성운학의 관점으로 한국 한자음 관련 분야를 연구하고 있다. 저서로는 『훈민정음으로 배우는 훈몽자회』 등이 있다.

자리물회

바다를 빼앗긴 사람들을 위한 위로 한 그릇

생선류

"자리도 돔이여."

제주 바다에서 나는 물고기 중, 연안 바다에서 쉽게 잡히는 어린애 손바닥만한 크기의 자리라는 어종을 제주 사람들은 특별히 여겼다. 한자리에 붙어산다 해서 '자리'라는 싱거운 이름이 붙었지만, 자리는 회로, 혹은 구이나 조림으로 혹독한 보릿고개를 힘들게 넘은 제주 사람들의 주린 배를 채워주었다. 무엇보다 그 기름지고 고소한 맛으로 제주 사람들의 고단한 삶을 위로해주었다. 그래서 사람들은 자리의 공을 잊지 않았고, 누가 묻지 않아도 굳이 "자리도 돔이여"라고 강변하는 것이다.

갑인년(1794), 제주 흉년

간혹 제주 사람들이 그간 척박한 땅에서 얼마나 어렵게 살아왔는지에 관해 들을 때가 있다. 그때마다 빠지지 않고 등장하는 단어가 바로 '갑인년'이다. 가령 제주 속담에 '갑인년 흉년에 먹다 남은 것은 물뿐'이 있다. 또 난관을 돌파하려는 비장한 각오를 다질 때 '갑인년 흉년에도 살아남았는데'라며 자신을 격려하곤 한다. 어려서부터 귀에 못이 박히도록 듣던 말이라, 한번은 이른바 '라떼는~'을 시전하시는 어르신에게 되물었다.

"그 갑인년이 언제 마씀(그 갑인년이 언제인가요)?"
"(머뭇거리며) 게매, 나도 하도 들어나난 곧는 말이주(글쎄, 나도 늘 듣던 말이라 하는 소리지 뭐)."

모르신다는 말씀이다. 이처럼 갑인년 운운하시는 어르신들조차 십중팔구는 그 시기를 특정하지 못한다. 왜일까? 갑인년에 벌어졌던 참상이 역사적 사실을 넘어 하나의 상징으로 자리한 지 너무 오래되어, 누구도 그 어원을 살펴보지 않게 된 탓이다. 제주 사람들이 입에 달고 사는 '갑인년'은 정조 18년(1794)인데, 사실 제주는 이미 1792년부터 연이은 흉작으로 기근에 시달리고 있었다.

갑인년, 이해는 제주 사람들에게 아픈 기억으로 오래도록 남아 있지만, 특히 사헌부 장령까지 지냈던 제주 사람 변경붕에게는 결코 잊을 수 없는 해였다. 그는 갑인년 1월 19일, 기근에 시달리던 제주 사람들을 위로하기 위해 들어온 어사에게 발탁되어 단 한 번의 특별 시험으로 과거 급제의 자격을 주는 직부전시直赴殿試의 기회를 잡을 수 있었다. 고작 두세 명 뽑아주던 선례와 달리, 이해에는 무려 일곱 명이라는 놀라운 수의 인원을 발탁했으니, 당시 제주는 전례없는 경사로 들썩이고 있었다. 거기에다 들판의 곡식도 가을을 맞아 풍성한 수확을 기다리고 있었으니, 모두가 오랜 시련이 끝나나 싶은 기대에 휩싸였다.

호사다마라고 했던가? 곡식이 누렇게 익어가던 8월 27일, 돌개바람을 동반한 거센 태풍이 제주를 강타했다. 이 태풍으로 갑인년 가을부터 다음해인 을묘년(1795)까지 계속된 기근의 참상은 형언할 수 없을 정도였다. 변경붕은 자신의 문집에 당시 제주 인구가 이 기근 때문에 10만 명에서 3만 명으로 줄었다고 적었다. 물론 굶어죽었다는 7만 명이라는 숫자는 어느 정도 과장이었겠지만 길거리에 아사한 이들의 시체가 널려 있는 광경에 넋을 잃고 황망해했던 그의 심경이 행간 곳곳에 드러난다. 또한 이 엄청난 재난에 살아남은 이들의 생존 요령까지 정리해, 이렇게 덧붙이고 있다.

쇠고기를 먹은 사람은 배고픔을 이겨냈고, 말고기를 먹은 자는 더욱 배고파했다. 땅에서 나는 것을 먹은 자는 배를 채웠지만, 해산물을 먹은 자는 배고파했다. 곡물을 적게 먹으면서 배고픔을 견딘 사람은 살았지만, 채소를 많이 먹으며 배를 채운 사람은 죽었다.

— 변경붕, 『통정대부사헌장령 변경붕 문집』(허남춘 옮김, 제주대학교 탐라문화연구원, 2010, 199쪽)

소나 말을 잡아먹고 살거나 죽은 경우는, 짐작건대 소고기와 말고기의 영양성분 차이를 의미하는 듯하다. 당시 굶주리던 제주 사람들이 최후의 수단으로 소를 잡아먹었던 사실은 땅을 사고팔 때 주고받은 문서로도 확인된다. 사진 속 문서는 갑인년 다음해인 을묘년 2월

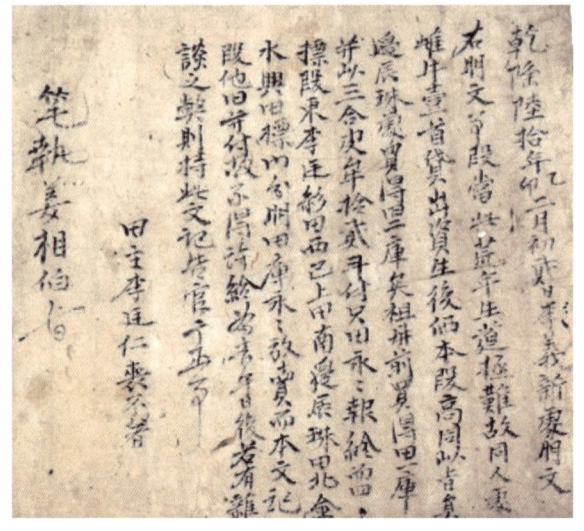

이의신에게 작성해준 명문, 제주민속자연사박물관 소장

생선류

2일에 이루어진 밭 거래에 관한 것이다.

여기에 "(갑인년과 을묘년의) 이런 흉년을 만나 살아나갈 방도가 없어, 위 사람에게 암소를 빌려 목숨을 이어나갈 요량으로 當此荒年生道極難 故同人處雌牛壹首貸出資生"라고 나오는데 당시 참상이 어느 정도였는지 생생하게 전해진다. 이 문서가 작성된 시점이 1795년 2월이었으니, 보릿고개의 절정이었다. 이 사람은 가장으로서 암소 한 마리를 애써 일군 밭 세 곳과 바꾸는 결단을 내렸고, 변경붕이 지적한 대로 말고기가 아니라 소고기를 먹었던 덕분인지 결국 가족들을 살려낼 수 있었다.

어쨌든 이 고개만 넘어서면 다시 삶이 보이니, 혹독한 보릿고개를 넘기고 살아남은 이의 눈에 누렇게 익어가는 벼는 얼마나 위안이 되었겠는가?

힘든 시간을 견뎌낸 이들에게 보상을 건네듯, 보릿고개가 지나면 제주의 들과 바다에 먹거리가 하나둘씩 등장하기 시작한다. 한라산 중턱 너른 들에는 각종 순이 돋고, 고사리 장마 뒤엔 고사리도 우후죽순 돋아난다. 바닷가 마을에서는 '멜(꽃멜)'들이 떼로 밀려들고, 자리도 맛이 들기 시작한다. 음식은 제철이라 하듯이, 이 무렵 자리는 산란기를 앞두고 지방을 쌓아가며 토실토실한 새끼 돼지처럼 살이 오른다.

생된장에 날것, 낯선 조합의 매력

'자리'라는 이름은 아무래도 대충 지은 것 같다. 자리는 정착성 어류로 한자리에 계속 머문다 해서 붙은 이름이란다. 그렇다면 이는 고유명사보다는 보통명사에 가깝다고 할 수 있다. 비슷한 이름으로 정착성 어종인 '벤자리'가 있고, 팔지 않고 그 자리에 남겨두고 키우는 새끼 돼지를 '자리돼야지(자릿도새기)'라고 하는 것을 봐도 그렇다.

자리는 낚는 게 아니라 '거리는' 것이다. '거리다'는 '떠올린다'는 의미인데, 자리는 주로 원형의 큰 그물을 드리웠다가 들어올려 잡았다. 어업이 발달하지 못해 요즘처럼 대규모의 그물질은 없었다. 뗏목의 일종인 '테우'에 매단 둥근 그물을 드리웠다가 자리가 모여들면 재빠르게 떠올리는 방식이었다. 원시적인 방식이었기에 잡히는 양은 당연히 적었다. 자리가 나타나면, 사람들은 물때에 맞춰 포구로 나갔다. 상인들은 배에서 자리를 사서 바구니에 담아 그 위를 담요로 덮고 수레 등에 실어 '웃드르(중산간 마을)'로 행상을 떠났다. 이렇게 보리가 익어가는 5월이면 온 제주가 살진 자리 맛에 골몰했다.

살이 통통하게 오른 제철 자리가 도마 위에 오른다. 비늘을 손질하고 내장을 정리한 다음 뼈째 잘게 썰어낸다. 냉장 시설이 없던 시절이라, 오전에 잡은 자리라 해도 저녁 무렵이면 살이 물러지고 살짝 상하기도 한다. 이때 필요한 것이 빙초산이다. 잘게 썰어낸 자리를 그릇에 담고 빙초산과 물을 넣어 휘휘 젓다가 손으로 물기를 쥐어짠다. 탈이

나지 않게 독한 빙초산으로 살짝 익히는 것이다. 제주의 음식이 대개 그렇듯 양념이랄 것도 별로 없다. '우영팟(텃밭)'에 지천인 물외(제주 재래의 오이) 정도나 총총 썰어놓고, 장독에서 생된장을 듬뿍 퍼와 쓱 싹쓱싹 비벼주면 끝이다. 여기에 시원한 물을 붓고, '좨피(초피)' 잎 몇 장 넣으면 신기하게도 비린 맛이 싹 가신다.

자리물회 때문에 생겼던 해프닝 하나. 멀리서 찾아온 육지 손님이라 제법 유명하다는 향토 음식점을 찾았다. 요리로 갈치조림을 시키고, 마침 자리가 제철이었던지라 망설임 없이 자리물회를 골랐다. 식사 후 관광지 몇 곳을 드라이브하고 돌아오는 길, 이런저런 대화 끝에 그가 물었다.

서귀포 보목리 자리물회 ©이진영

"제주에선 원래부터 생된장을 먹었나봐요?"

그제야 그의 젓가락이 갈치조림에서만 맴돌았다는 게 떠올랐다. 된장을 물에 풀어 날로 먹는 방식은 육지 사람들에게는 낯설고 어색할 수도 있겠다는 생각이 들었다. 그렇다. 육지 기준으로 자리물회란 생된장냉국에 자리회를 넣어 먹는 음식이라고도 할 수도 있겠다.

그렇다면 제주 음식의 본질은, 열악한 자연 조건에 맞서 발휘된 놀라울 만한 적응력과 지혜에 있는지도 모르겠다. 자리는 보리가 익어가는 5월부터 산란 전까지가 제철이다. 제주 사람들은 제철 자리의 기름지고 고소한 맛을 알아냈고, 허락된 여건 안에서 찾아낸 가장 적당한 조리 방식이 자리물회였다. 자리물회는 자리와 된장만 있어도 만들 수 있는 음식이기 때문이다. 다행히 제주의 '뜬땅(화산회토)'에서도 콩은 잘 자랐다. 소금은 예전부터 늘 귀했지만, 온 식구의 1년 먹거리를 위해 비용을 치러서라도 해마다 각종 금기를 피해 정성들여 장을 담갔다.

육지에서는 조미의 기능을 고려해 간장을 중요시하고, 된장은 그 과정에서 생겨나는 부산물 정도로 취급한다. 하지만 제주는 간장보다는 된장 그 자체를 더 중요하게 여겨 간장을 많이 빼지 않는다. 요즘 시중에서 파는 된장과는 비교할 수 없을 정도로 깊고 다양한 맛을 내는 제주 된장은 제주 음식의 시작이자 끝이라 할 수 있다.

한나절 바닷가에서 놀다보면 그야말로 짐승처럼 허기가 졌다. 육지

생선류

사람들은 상상도 못하겠지만, 집으로 돌아와 남은 보리밥에 생된장만 쓱쓱 비벼 먹어도 맛있었다. 그뿐인가? 여름철에는 생된장냉국으로 겨울에는 된장국으로, 대부분의 음식은 된장으로 간을 맞추거나 조리되었다. 제주 음식의 조리 특징이라 알려진 단순함과 빠름 역시 된장의 폭넓은 활용에서 연유한 것이리라. 그래서일까? 생된장냉국으로 났던 유년 시절의 여름은 지금도 풍부한 맛으로 기억된다.

바다를 빼앗긴 섬사람들을 위한 위로 한 그릇, 자리물회

제주는 섬이기에, 제주 사람들은 예전부터 회나 자리물회 등을 즐겨 먹었으리라 예단하기 쉽다. 하지만 회나 자리에 관련된 기록을 찾아보는 순간 이런 생각은 여지없이 무너진다. 회는 물론이고 자리에 관한 문헌 기록도 거의 찾을 수 없기 때문이다. 제주가 섬임에도, 제주 사람들이 바다에 기대어 살아왔다는 기록을 발견하기 어렵다니, 자못 괴이한 상황이다.

이를 이해하려면, 탐라에서 제주로 이어지는 기간에 관한 지식과 정보가 필요하다. 연구자들은 제주를 『삼국지三國志』라는 중국 역사서에 나오는 주호州胡라고 여긴다. 이곳 사람들은 소와 돼지를 잘 길러 목축에 능했으며, 중국과 남해안을 무대로 해상무역을 벌이며 살아갔다고 한다. 탐라는 삼국시대에는 백제와 신라를 넘어 일본까지, 고려시대에는 고려와 원나라에까지 활발하게 사신을 보내는 등 다양한 외교 활동을 통해 존재감을 드러내던 독립 왕국이었다. 이처럼 탐라-제주는 거친 바다를 무대로 살아온 짠내 풍기는 해양 민족의 해양 국가였던 셈이다.

조선 건국 이후에는 도를 더해가는 약탈적 징세로 16세기부터 제주 사람들의 부담이 가중되면서 육지부로 도망하는 현상이 나타나기 시작했다. 결국 조선 조정은 1629년 '출륙금지령'을 내렸다.『조선왕조실록朝鮮王朝實錄』인조 7년 8월 17일 기사를 보면 다음과 같이 나온다.

> 제주에 거주하는 백성들이 섬 밖으로 나가 떠돌며 육지의 고을에 옮겨 살아버리자, 제주·정의·대정 세 고을 군인의 수가 줄어들게 되었다. 비변사가 제주 사람들의 출입을 금지할 것을 청하니, 상이 따랐다.

조선 조정은 제주 사람들이 내지로 도망하는 문제에 대해 근본적인 해결책을 고민하기보다, 바다를 봉쇄해버리는 조악하기 이를 데 없는 미봉책으로 대응한 것이다. 순조대에 들어서야 풀리는 이 조치로 제주 사람들은 생명줄이었던 바다를 빼앗기게 되었다.

조선 숙종대인 1702년 3월에 제주로 들어왔던 제주목사 이형상은 조카사위 윤두서의 부탁으로 제주의 모든 것을 기록으로 남겼다. 이

생선류

것이 제주 최초의 박물지 『남환박물』이다. 그는 당시 제주에서 잡히는 물고기 종류까지 꼼꼼하게 기록했는데, 여기에도 자리에 관한 내용은 보이지 않는다. 이외 다른 지리지나 각종 개인 문집에도 자리에 대한 내용은 없다.

출륙금지령이 풀린 순조 이후에도 제주 사람들은 바다를 온전하게 돌려받지 못했다. 1883년 조일통상장정이 체결된 이후 일본의 어부들이 제주 바다에서 약탈적 어업 행위를 더욱 심하게 진행했기 때문이다. 일본인들은 잠수기 등 근대적 어업 기술을 이용해 남획을 했는데 이에 제주 사람들이 항의하면 칼로 쳐서 죽이기까지 했다. 평소에도 제주 어민이 다치는 사고가 심심찮게 벌어졌다.

1897년, 명성황후를 시해하려는 음모를 알고서도 방관했다는 이유로 탄핵을 받은 김윤식이라는 인물이 제주에 종신 유배되었다. 기록 정신이 남달랐던 그는 제주 유배 시절을 꼼꼼하게 기록해두었는데, 이것이 『속음청사續陰晴史』라는 책이다. 특히 그는 제주에서 먹었던 거의 모든 약이나 음식에 대한 기록을 남겼는데, 여기서도 회나 자리에 대한 이야기는 보이지 않는다. 전복을 날로 먹었다는 기록이 겨우 나올 뿐이다.

그렇다면 제주 사람들은 언제부터 자리물회를 먹기 시작했을까? 일제강점기인 1923년 한 일본인이 쓴 「미개未開의 보고寶庫, 제주도」라는 보고서를 보면 "도민들은 날로든 염장으로든 자리를 가장 선호한다"라며 "(제주의 자리는) 본도의 특산물로서 규슈 시코쿠 연안에 사는 것과 동일하다"라는 대목이 나온다. 제주 사람들이 날로든 염장으로든 자리를 가장 선호한다는 말은 당시에 이미 자리를 날로, 즉 회나 물회로 먹었다는 사실을 말해주는 자료라고 보아도 무방할 것이다.

그렇다면 출륙금지령 이후로부터 어느 일본인이 보고서를 쓴 1923년 사이에 무슨 일이 있었던 것일까? 1629년 이후 제주 사람들은 바다를 빼앗기게 되었고, 그래서 1702~1703년 제주의 모든 것을 기록한 『남환박물』이나 1897년 제주의 온갖 별미를 적은 『속음청사』에 회나 자리에 관한 내용이 없었다고 이해할 수 있다. 아니면 바다를 빼앗기면서부터 연안에서 쉽게 잡을 수 있는 자리를 즐겨 먹었지만, 기록으로 남지 않은 것일 뿐일지도 모른다. 어찌됐든 확인되는 기록으로만 본다면 자리물회는 바다를 다시 돌려받은 조선 후기부터 일제강점기 사이, 조선이나 일본에 바다를 빼앗긴 아픔을 딛고 제주 사람들이 새롭게 찾아냈던 맛이라 할 수 있다.

자리물회를 앞에 두면, 제주 사람들은 누가 먼저랄 것도 없이 자기 기억 속에서의 자리물회를 소환해낸다. 자신이 기억하는 맛이야말로 절대적인(?) 표준이 되고, 표준에 준한 배타적인 품평이 이어진다. 가령 '수저를 꽂아 넘어가면 제대로 된 자리물회가 아니다'라는 다소 격한 품평부터 '된장 맛이 약해지고 있다' 등등. 이뿐인가? 빙초산이 없어도 난리고, 죄피가 없어도 난리다. 제주 사람 모두는 각자 자신만의 자리물회에 대한 기준을 가지고 있다고 보아야 한다. 혹 제주 사람과 함께 자리물회를 맛볼 기회가 있으시거든, 부디 경청만 하시고 5월 자리의 고소한 맛에 집중해보시기를.

이진영 ♦ 제주대학교 중어중문학과 강의교수
제주대학교 중어중문학과에서 한천 유역 마애명에 투영된 신선사상 연구로 석사학위를, 송대 팔경문화 연구로 박사학위를 받았다. 주된 관심은 중문학에서 바라보는 '제주학'에 있다. 옮긴 책으로 『탐라록』 『남환박물』 등이 있으며, 고문서 번역으로는 『고문서에 담긴 조선 후기 제주인의 삶』 외 다수가 있다. 지은 책으로 『한라산의 마애명』(공저) 등이 있다.

쿰쿰하고도 짭짤한, 돼지고기의 짝꿍

멜젓

생선류

　제주에서 삼겹살을 구워먹을 때면 짝꿍처럼 붙어다니는 소스가 있다. 지글지글 흑돼지 곁에 나란히 함께 끓고 있는 멜젓. 이제 제주에서는 멜젓이 나오지 않는 돼지구잇집을 찾기가 더 어렵다. 제주 사람은 멜젓에 소주를 첨가하거나, 가위로 청양고추와 마늘을 듬성듬성 썰어 넣는 2차 조리를 한다. 멜젓을 다루는 폼이 능숙하다면 제주에서 고기 좀 먹어본 사람이다. 이 따끈따끈한 소스에 노릇노릇 잘 구워진 흑돼지를 푹 찍어 먹을 때의 풍미는 온갖 삶의 시름을 잠시 저만치로 날려보낸다. 이 골콤한 맛의 매력에 빠져 사정없이 멜젓을 찍어 먹다보면 종지는 금세 은색 바닥을 드러내고 "여기 멜젓 좀 더 주세요" 소리에 분위기는 한층 더 달아오른다.

"근데 멜젓은 멜로 만들어서 멜젓인가?"
"멜이 뭐지?"

지금은 해양환경의 변화로 '멜'이 아주 귀해졌지만, 과거 제주 바다에는 멜이 떼로 찾아왔다. 넉넉함을 넘어 축복과도 같았던 제주의 멜, 더도 말고 덜도 말고 멜 드는 것만 같으면 오죽 좋으랴.

멜젓과 돼지구이 ⓒ문성호

멸치가 아니라 샛줄멸!

멜젓은 멸치로 담근 젓으로 '멜'은 멸치의 전남·제주 방언이다. 하지만 제주의 멜은 보통의 멸치가 아니라 꽃멸치다. 꽃멸치는 분류학상 멸칫과에 속하지 않고 청어과에 속하며 정식 명칭은 샛줄멸이다. 하지만 누가 샛줄멸이라는 이름을 알까? 제주에서는 이 샛줄멸을 꽃멜 혹은 멜이라고 부른다. 제주에서 멸치라고 할 때는 보통의 멸치를 가리키고, 멜이라고 할 때는 바로 이 꽃멜을 가리킨다. 일반 멸치와 꽃멜은 외관상 확연히 구분되는데, 크기가 다르기 때문이다. 꽃멜은 멸치라고 하기에는 너무 큰 덩치를 가졌다. 다 자라면 보통 11~12센티미터로, 7~8센티미터 정도인 대멸치보다 4~5센티미터가량 더 크다. 멸

생선류

멜튀김 ⓒ문성호

치와 멜은 먹는 방법도 다르다. 멸치는 조림으로 먹는다고 상상이 잘 안 되지만, 멜은 조림으로도 먹는다. "신발도 튀기면 맛있다"는데 멜튀김을 먹어보면 마치 새끼 고등어와 유사한 식감이라 멜이 청어과임을 실감케 한다.

꽃멜이 제주로 오는 까닭은?

꽃멜은 연안에서 알을 낳는 습성이 있어 제주 인근 바다를 좋아한다. 보통의 멸치는 봄부터 늦가을까지 먼바다에서 알을 낳지만, 꽃멜은 봄부터 초여름까지 가까운 바다에서 산란한다. 물에 뜨는 알을 낳는 멸치와 달리, 꽃멜은 물밑에 가라앉는 알을 낳아서 해초와 바위가 풍부한 제주 연안으로 들어오는 것이다. 꽃멜은 초라하고 부족했던 과거 제주의 밥상에 단백질을 제대로 채워줬다.

"이전에는 멜이 막 많이 와서 그물만 올리면 우리가 주워다 먹었지."

해녀의 말을 들어보면 이전에는 물 반 고기 반으로 꽃멜이 잘 잡혀 바다에서 주워다 먹을 정도였다고 한다. 옛날엔 비료가 부족했기 때문에 꽃멜을 거름 삼아 농사도 짓고 조도 갈고 했지만, 지금은 꽃멜이 너무 귀해졌다고 한다. 현재 꽃멜은 배를 타고 비양도 근처 등 연안으로 나가 1킬로미터에 달하는 그물을 몇 개씩 내려 어획하는데, 희귀성 때문에 값이 일반 멸치의 몇 배에 달한다. 하지만 과거 꽃멜을 잡는 방식은 호기심을 자극할 정도로 독특했다.

파도 가고, 꽃멜 남고

꽃멜 어획은 돌담을 이용한 방식과 그물을 이용한 방식으로 구분할 수 있다. 돌담을 이용한 방식은 밀물 때 들어온 꽃멜이 돌담에 갇혀 썰물 때 빠져나가지 못하도록 만든 것이다. 썰물 후 둑 안에 남아 있는 꽃멜을 '족바지'라고 하는 타원형의 뜰채로 뜨기만 하면 되었다. 이는 가장 원초적인 '꽃멜잡이' 방식으로, 말 그대로 '파도가 가고, 꽃멜이 남는' 형국이었다. 서해와 남해에서는 이처럼 고기잡이를 위해 쌓은 돌담을 보통 '독살'이라 하고, 제주에서는 '원담' 혹은 '갯담'이라 한다.

제주는 2009년부터 순차적으로 해수욕장 명칭을 '해변'으로 바꿨고 그러면서 각 해변에 지역의 색채를 살린 이름을 덧붙였다. 일례로 한림읍 금능해수욕장을 '금능으뜸원해변'으로 개명했는데, 으뜸원에서 원은 원담을 뜻하며 금능해수욕장에 제주에서 가장 오래된 원담이 있어 이런 이름을 붙였다. 원형이 제대로 보존된 원담은 구좌읍 하도리와 제주시 연대마을에 남아 있다. 그중 하도리 원담에는 지금도 간혹 물고기가 몰려와 살아 있는 유적이라 불린다.

돌담을 활용해 효율적으로 꽃멜을 가두고 잡기 위한 마을 단위의 조직을 '갯담접'이라고 하며, 이 갯담접 내에서 '소임'이라고 하는 두 사람이 번갈아 꽃멜떼가 몰려왔는지를 확인한다. 이 둘은 꽃멜잡이 후에 일반 계원보다 더 많은 몫을 받는다. 하지만 모든 마을에 '갯담'이 있는 것이 아니고, 꽃멜이 산란을 위해 해안선 가까이에 오는 시기에 집중적으로 어획해야 한다는 이유로 점차 그물을 이용한 대량 어획 방식으로 변모했다.

멜 들었져, 후릿그물을 펼쳐라!

그물로 꽃멜을 잡는 '멜 후리기'는 5~6월에 집중적으로 행해졌다.

넓게 둘러친 후 여러 명이 두 끝을 끌어당겨 물고기를 잡는 커다란 그물을 '후리'라고 하는데 이 후릿그물로 멜 잡는 행위를 '멜 후리기'라고 부른다. 이때 '후리다'는 '휘몰아 채다'라는 뜻이다. 멜잡이는 해안에서 1킬로미터쯤 떨어진 바다까지 배가 나가서 그물로 멸치떼를 몰아 다시 해안가로 오는 방식으로 진행된다. 그러면 마을 사람들이 해안가로 나와 일제히 그물을 잡아당기면서 그물을 후리는 작업을 한다. 그리고 후리에 걸린 멜을 족바지로 뜬 뒤 큰 바구니인 '고리'에 담아 이를 뭍으로 운반한다. 김녕, 이호, 삼양, 신양 등 대표적인 '멜 후림 마을'을 보면 모두 바다 연안이 모래로 깔려 있는데, 이는 '방진防陣 그물'을 이용하여 꽃멜떼를 가두고 그물이 상하지 않게 모래밭 해안 가까이로 끌어당겨야 했기 때문이다.

　제주 어촌은 정교한 어망 조직으로 구성돼 있었기에 인근 바다로 나가서 꽃멜을 그물로 가두고, 모래밭까지 데려오고, 꽃멜을 쓸어담는 일련의 과정을 척척 진행할 수 있었다. 마을 단위로 꽃멜 어장의 위치와 순번을 정해 출어했는데, 날씨 등의 이유로 허탕을 친 경우에는 보상하는 체계까지 촘촘히 짜여 있었다. 꽃멜을 잡기 위해 출혈경쟁하지 않고 상생하는 지혜를 발휘했던 것이다.

　꽃멜떼를 발견하고 그물로 가두는 첫번째 작업은 한 치의 실수도 용납되지 않는 팀워크를 요구하며 손에 땀을 쥐게 하는 박진감이 있다. 꽃멜떼가 어장에 몰려왔을 때 가장 먼저 출발하는 두 척의 배를

'당선'이라고 한다. 당선은 먼바다를 왕래할 때 이용하는, 돛을 단 배인 '풍선風船'을 주로 사용하여 기동력을 높인다. 멸치떼가 몰려온 것이 확인되면 한 척은 뭍으로 와서 연락을 취하고, 다른 한 척은 멸치떼의 행방을 추적하며 그물을 드리울 위치와 방향 등을 계획한다. 당선의 지시에 따라 뭍에서 대기하던 두 척의 '망선'과 대여섯 척의 '닻배'가 출동한다. 망선 역할을 하는 배도 돛단배이지만, 닻배는 연근해에서 고기잡이를 하는 '떼배'를 사용한다. 떼배는 뗏목처럼 통나무를 엮어서 만든 전통 배로, 제주 방언으로 '테우' '터위' '떼'라고도 부른다. 제주공항에서 가까워 관광객이 자주 찾는 이호해수욕장은 과거 이호마을에서 제주 전통 뗏목인 '테우'를 이용한 어로 활동이 활발했던 점을 고려해 '이호테우해변'이라 부르게 됐다.

'떼배'는 모두 다섯 척이 필요한데, 네 척은 꽃멜떼를 포위하고 나머지 한 척은 먼바다로부터 목적지까지 그물을 당겨오는 동안 그물의 중심을 유지하는 부표 기능을 한다. 목적지까지 그물이 당겨지면 멸치떼를 완전히 에워싸는 그물 정지 작업에 들어가야 한다. 방진망은 해안에서 가장 가까우면서 썰물이 최고조일 때 수심이 얕은 곳에 설치해야 한다. 썰물이 완전히 빠질 때까지 기다렸다가 꽃멜떼를 잡기 시작하면, 이윽고 은빛 물보라와 함께 꽃멜이 그물에 걸려든다.

청천 하늘엔 별, 그물 속엔 꽃멜

이여싸 소리에 닻 올라온다.
청천 하늘엔 별도 떴네, 우리네 그물 속엔 멸치도 들었네.

— 김영돈, 『제주도 민요연구: 상권 자료편』(민속원, 2002, 313쪽)

노랫소리 파도와 함께 출렁이고 이내 꽃멜이 가득 담긴 바구니가 걷잡을 수 없을 만큼 쌓여간다. 멜 후리기는 공동작업의 형태로 이루어지는데 이때 고된 노동을 이겨내기 위해 노동요를 불렀다. 제주학연구센터 웹사이트 내 제주학아카이브에서 이 〈멜 후리는 소리〉를 들어볼 수 있는데, 멜을 후릴 때 그물을 잡아당기는 동작과 밀착되어 있어 가락이 역동적이다. 가사는 제주 각 지역에 따라 다양한데 노랫소리에는 멸치 후리는 과정과 작업 실태, 만선을 맞이한 기쁨 등이 잘 드러나며 끝부분에서는 '아아아양 어어어야'를 반복하며 축제적인 분위기를 이끈다.

어허야 뒤헤야, 어허야 뒤헤야, 당선에선 멜밭을 보고, 어허야 뒤헤야, 망선에선 후림을 논다, 어허야 뒤헤야(중략)

풍년이 왓저 풍년이 왓저, 어허야 뒤헤야, 논갱이 와당에 돈풍년 왓

생선류

저, 어허야 뒤헤야(중략)

멜덜거리라, 어허야 뒤헤야, 아아아양~어양어허요(중략)

우리 저 배 멜 많이 들엇저 아양어양어요, 어기여차 소리 닻감개 소리에 아양어양어요.

그물로 꽃멜떼를 둘러싸고 해안으로 그물줄을 들고나오면 온 동네 사람들이 해변에 나와 그물을 풀고 당기면서 〈멜 후리는 소리〉를 불렀다. 다른 지역의 노동요와 달리 제주의 〈멜 후리는 소리〉는 남녀가 함께 부르는 노래였다.

노래에는 유달리 '풍년이 왔구나' '돈풍년 왔구나'라는 구절이 자주 등장하는데, 꽃멜 풍년이 저절로 찾아온 것은 아니었다. 꽃멜이 떼로 해안에 찾아와도 원담을 통한 어획에는 한계가 있었다. 굴러들어온 멜, 제주인은 제주의 품앗이 '수눌음'을 통해 꽃멜을 최대한의 효용으로 잡아들였다. 그리고 잡은 꽃멜을 오래 먹을 수 있게 젓갈의 형태로 만들기 시작했다.

멜젓, 짠내나는 제주의 소금 이야기

갓 잡은 싱싱한 꽃멜을 배추와 함께 끓여 국으로 먹으면 진미다. 남은 멜은 손질하여 삶지 않고 그대로 말려 '마른 멜'로 조리해 먹으면

이 또한 꿀맛이다. 실제 원담이 있는 마을에서는 사람들이 족바지를 들고 멜을 조금씩 떠서 먹었다고 한다. 하지만 과거 어촌에서 멜 후리기를 통해 잡은 대량의 꽃멜을 단번에 소화하기란 쉽지 않았다. 제주 어촌에서는 멜을 중산간 마을로 팔러 다니기도 했다. 함덕 지역에서도 멜을 팔러 이웃 마을로 많이 다녔다는데, 중간에 멜이 부패하여 썩은 냄새가 나는 바람에 '함덕 썩은 멜장시'라는 말이 생겨날 정도였다고 한다. 산간 지역 사람들은 멜을 주로 젓갈로 담가 먹었다고 하는데, 그렇게 보면 멜젓은 쉽게 부패하는 멜을 오래 보관하고자 고안해낸 전통 방식이라 하겠다. 꽃멜 젓갈은 '망데기'라고 하는 작은 항아리에 담았다. 보통 가정에서 한 번 담으면 1년 동안 먹는다. 멸치는 젓갈로 담그면 무르지만 꽃멜은 살이 단단해 젓갈로 담가도 육질이 남아 있

동문시장에서 판매중인 꽃멜젓 ⓒ문성호

생선류

다. 그래서 고기 육(肉) 자를 써서 육젓이라고도 부른다.

멜젓을 담그려면 꽃멸치 1킬로그램에 소금 150그램이 필요하다. 하지만 소금이 귀했던 과거 제주에서는 젓갈을 담그는 일 역시 쉽지 않았다. 『제주풍토록(濟州風土錄)』에서는 "서해처럼 소금밭을 만들려고 해도 만들 땅이 없다"고 했고, 『탐라지』에도 "해안가는 모두 암초로 소금밭을 만들 만한 해변의 땅이 매우 적다. 또한 무쇠가 나지 않아서 가마솥을 가지고 있는 자가 적어 소금이 매우 귀하다"고 기록돼 있다. 이런 척박한 땅에서 어떻게 소금을 구해 멜젓을 담근 것일까? 제주에 오면 자주 들르는 애월카페거리 혹은 성산일출봉 근처에서 그 실마리를 찾을 수 있다.

과거 제주에서는 육지에서 소금을 들여오거나, 앞바다의 암석 소금밭에서 소금을 생산해 젓갈을 담그기 시작한 것으로 보인다. 염전 하면 서해안이라 제주에도 염전이 있었다는 사실은 믿기 어려울 것이다. '이가 없으면 잇몸으로'라는 말이 있듯이 제주에서도 나름대로 방법을 고안해 직접 소금을 생산했다.

제주 올레길 16코스에 속해 있는 애월읍 구엄리 돌염전은 1559년 조선 명종 때 강려 목사가 부임하면서 구엄리 주민에게 소금을 암반에서 제조하는 방법을 가르친 것이 시초로, 현재 복원되어 있다. 해안가 평평한 암반 위에 찰흙으로 둑을 쌓고 물동이로 바닷물을 길어와 햇볕에 졸여 소금을 만들었다. 구엄리 소금밭은 과거 300미터 해안을

구엄리 돌염전 ⓒ문성호

따라 1500평 규모로 조성되었던 큰 염전으로, 한창때는 이곳에서 연간 17톤에 달하는 소금이 생산되기도 했다. 한편 제주 동쪽 끝 종달리에는 독특한 형태의 '모래염전'이 있었는데, 『남환박물』에 따르면 철 4000근을 들여 가마솥 세 개를 제작하고 이를 이용해 소금을 생산했다는 기록이 있어 당시의 소금 생산 기술과 규모를 짐작하게 한다. 현재 종달리 모래염전의 옛터는 멀리 성산일출봉이 한눈에 들어오는 아름다운 풍경 속에 소금밭 체험 시설로 남아 있다.

제주의 전통 음식점에 가면 배추, 상추와 함께 멜젓이 기본 상차림에 오른다. 채소에 밥과 멜젓을 올려 쌈을 싸 먹으면 짭짤하면서도 구

생선류

수한 감칠맛이 입안 가득 퍼진다. 제주 사람들은 이 멜젓의 깊은 맛을 두고 '쿠싱허다'라고 표현한다. 이 쿠싱한 멜젓은 단순히 쌈밥을 위한 소박한 반찬을 넘어, 제주의 대표적인 별미인 흑돼지구이를 더욱 특별하게 만드는 필수적인 존재가 되었다. 노릇하게 구워진 흑돼지구이 한 점을 멜젓에 푹 찍어 먹을 때, 그 풍미에서 제주의 자연과 삶의 여유가 고스란히 느껴진다.

문성호 ♦ 제주대학교 인문과학연구소 학술연구교수

제주대학교에서 광동어 연구로 석사학위를 받았으며, 중국 성운학과 훈민정음의 관계를 다룬 논문으로 박사학위를 취득했다. 현재는 문인의 악기인 금琴에 대한 학문적 연구와 대중에게 알리는 활동을 하고 있다. KCTV의 〈배우멍고르멍 생활중국어〉를 진행하며 활발한 중국어 교육 활동도 병행하고 있다.

고기류

돔베고기

도마 위에 올려진 제주인의 삶과 지혜

고기류

꾸밈없는 제주 사람을 닮은 음식

제주를 한 번이라도 여행해본 사람들에게 돔베고기는 퍽 익숙한 음식 이름이다. 그만큼 제주를 대표하는 향토 음식이라 보아도 손색없다. 돔베고기는 솥에서 갓 삶아진 돼지고기를 '돔베(도마)' 위에 올려 즉석에서 썰어 먹는 제주의 전통 음식이다. 김이 모락모락 피어오르는 돼지고기를 숭덩숭덩 썰어낸 후, 굵은소금을 살짝 찍어 한입 베어 물면, 따뜻한 육즙과 함께 돼지고기의 쫄깃한 식감이 입안을 가득 채운다. 제주의 대표적인 별미로, 제주 흑돼지 특유의 깊은 풍미가 돋보이는 음식이다. 한편 경상도 지역 사람들은 돔베고기라는 이름에 고개를 갸웃하기도 한다. 경상도 지역에서 '돔배기' 또는 '돔베기'라 부르

돔베고기 ⓒ김규태
도마 위에 푸짐하게 놓인 돼지고기와 굵은소금

는 음식은 상어고기를 염장하여 숙성한 것으로 제주의 돔베고기와는 이름만 비슷할 뿐 아예 다른 음식임을 알아두도록 하자.

　돔베고기의 매력은 단순한 조리법에 있다. 별다른 양념 없이 삶아낸 고기와 소금으로만 깊은 맛을 낸다. 이는 제주의 자연과 제주 사람들의 삶의 방식과도 닮아 있다. 꾸밈없는 제주 사람들의 성격처럼 돔베고기는 있는 그대로의 맛을 즐기는 음식이다.

　제주 흑돼지는 대개 구이로 먹는다고 생각하지만, 제주에서는 예로부터 돼지를 잡으면 구이보다 수육 형태로 조리하는 경우가 많았다. 삶는 방식이 구이보다 자원을 절약하고, 고기의 모든 부위를 활용

고기류

할 수 있기 때문이다. 옛 제주 사람들은 돼지를 잡으면 솥에 넣어 삶은 후 고기는 건져 먹고, 내장으로는 순대를 만들고, 남은 육수에는 해초나 야채를 넣어 국을 끓였다. 그야말로 돼지 한 마리를 완벽히 활용한 것이다. 이러한 조리법은 척박한 환경에서 한정된 자원을 효율적으로 사용하려는 제주 사람들의 지혜를 보여준다.

돔베고기의 정체성을 이루는 키워드로 '도마'와 '즉석'을 빼놓을 수 없다. 돔베고기라는 이름 그대로 고기는 도마 위에 올려져야 한다. 만약 썰어낸 돼지고기를 접시에 담아낸다면 그것은 수육이지 돔베고기가 아니다. 한 가지 아쉬운 점은 요즘에는 돔베고기를 판매하는 식당 대부분이 도마를 접시 대용으로만 사용하고 있다. 두 가지 키워드 중 하나, 즉 '즉석'에서 고기를 썰어주는 모습을 보기가 어려워졌다. 도마 위에서 바로 썰어내는 장면은 돔베고기의 문화적 연출이자 맛의 퍼포먼스라 해도 과언이 아니다. 그 생생한 '즉석성'이 사라진 지금, 돔베고기가 지닌 문화적 맥락과 정체성을 서서히 잃어가고 있는 게 아닐까?

'통시' 또는 '돗통', 제주식 돼지우리

제주에서는 삶의 중요한 순간마다 돼지고기가 빠지지 않았다. 돼지고기는 결혼이나 장례 때 가장 먼저 준비하는 음식이었다. 삶은 돼지고기는 사람들을 한자리에 모이게 했고, 손님들에게 낼 수 있는 최고의 대접이었다. 하지만 제주에서 돼지가 중요한 이유는 그저 음식으로 소비하기 때문만은 아니었다.

　옛 제주 마을을 돌아다니다보면 어느 집에서나 꿀꿀거리는 돼지 울음소리를 들을 수 있었다. 오늘날 제주에서는 찾아볼 수 없는 아득한 옛 풍경이 되었지만, 1980년대까지만 해도 어렵지 않게 집돼지를 볼 수 있었다. 그런데 제주 사람들은 왜 하필 돼지를 그토록 소중하게 여겼을까? 제주에서는 돼지를 뱀을 막아주는 존재로 여겼다. 돼지는 잡식성이며 몸에 지방층이 많아 독사에게 물려도 큰 피해가 없다고 한다. 이러한 이유로 제주에서는 돼지를 집 가까이 키우며 '통시' 또는 '돗통'이라는 이름의 독특한 돼지우리를 만들었다. 통시는 돼지우리의 역할뿐 아니라 화장실(변소) 기능까지 겸했다. 돼지는 남은 음식물과 함께 사람의 배설물도 먹으며 자연스럽게 폐기물을 처리하는 역할을 했다. 제주는 땅이 척박하고 자원이 부족했기 때문에, 돼지를 통해 잔반과 배설물을 처리하는 것이 매우 중요했다. 이 때문에 제주 돼지는 '똥돼지'라는 별칭으로도 불렸다.

　통시는 제주 신화에도 등장한다. 제주의 무가巫歌 중 〈문전본풀이〉에는 남선비의 첩인 노일제대 귀일의 딸이 본부인인 여산부인을 질투하여 죽였는데, 범행이 들통나자 도망가다가 변소에서 비참한 최후를 맞았다는 이야기가 전해진다. 이후 그녀의 몸은 변소의 일부가 되고, 그녀는 변소를 관장하는 '측간신'이 된다. 반면 본부인인 여산부인

고기류

제주민속자연사박물관에 재현된 통시 모형 ⓒ김규태
돼지우리와 화장실의 기능을 겸한 독특한 구조다.

은 환생하여 부엌신이 되었으니, 이 두 신의 관계를 생각한다면 부엌과 변소는 최대한 멀리 떨어져야 하는 게 당연해 보인다. 부엌신과 측간신의 애증관계는 '먹는 것'과 '버리는 것'이라는 의미로도 이해할 수 있다. 부엌에서 만들어진 음식이 남으면 통시에 버려지고, 버려진 음식은 돼지가 먹고 거름으로 만들어진다. 이렇게 만들어진 거름은 집 한편의 자그마한 우영팟(텃밭)에 뿌려져 각종 채소를 쑥쑥 키운다. 이는 제주의 전통적인 자원 순환 과정을 보여주는 대표적인 예이다.

한편 돼지는 중요한 경조사에서도 빠져서는 안 되는 주인공이었다. 제주 사람들은 경조사 일정이 잡히면 미리 새끼 돼지 한 쌍을 준비해 기르기 시작했는데, 이를 '자릿도새기'라 불렀다. 2~3년쯤 키워 경조사 때가 되면 잡아서 손님들을 대접하는 데 썼다. 물론 집에서 돼지를 많이 기르지는 못했기 때문에 필요하면 이웃에게 빌리거나 사 오기도 했다.

통시는 이제 민속촌에서나 볼 수 있는 희귀한 풍경이 되었고, 통시에 살던 제주 돼지들은 현대적으로 위생 관리를 하는 곳에서 건강하고 깨끗하게 사육되고 있다. 과거 뱀의 위협으로부터 사람을 지키고 자원을 순환시키며 제주 사람의 삶 곳곳에서 자기의 모습을 드러내왔던 돼지. 돼지와 제주 사람들의 공존의 이야기는 오늘날에도 '지속 가능한 삶'에 대한 귀중한 교훈을 제공해준다.

돼지 한 마리로 맺어진 신과의 약속

 제주에서 돼지는 제주 사람의 삶과 궤를 같이한다. 돼지는 가족에게 먹거리를 제공할 뿐만 아니라, 통시를 통해 자원을 순환시키며 제주 사람의 생활 깊숙이 자리잡았다. 또한 돼지는 제주 고유의 무속 의례에서도 중요한 의미가 있다.

 돼지와 직접 관련된 제주 신화는 많지 않지만, 제주 동쪽의 구좌읍 김녕리에서는 돼지를 신에게 바치는 무속 의례인 '돗제'가 지금까지도 이어지고 있다. 돗제는 돼지라는 뜻의 제주 사투리 '돗'과 제사가 결합된 말로, 구좌읍 일대에서 행해지던 무속 의례다. 돗제는 지역마다 그 대상으로 삼는 신이 각기 다르지만, 특히 김녕리의 돗제는 제주 신화 속 영웅신이자 마을신인 궤네깃또와 깊은 연관을 맺고 있다. 궤네깃또는 비범한 힘을 가지고 태어나 여러 역경을 거치며 마침내 영웅이 된 인물로 그의 이야기 속에서 돗제가 시작되었다. 그렇다면 궤네깃또는 누구이며, 돼지와는 어떤 관계가 있는 것일까? 「궤네깃당 본풀이」에 따르면, 궤네깃또의 여정은 다음과 같이 시작된다.

 궤네깃또는 아버지 소천국과 어머니 백주또 사이에서 태어난 막내 아들이다. 하지만 부모의 미움을 사서 바다에 버려졌다. 바다를 떠돌던 그는 용왕국에서 구조되어 용왕의 막내딸과 결혼했으나, 소 한 마리와 돼지 한 마리를 단번에 먹어치우는 식욕 때문에 용왕국의 창고를 텅 비우고 다시 바다로 쫓겨났다. 이후 강남천자국에서 전쟁을 평정한 영웅이 되었지만, 그는 부귀영화를 뒤로하고 고향 제주로 돌아가기를 선택했다. 그러나 군사를 이끌고 돌아오는 그의 모습을 본 부모는 두려움에 휩싸여 달아나다가 결국 비참한 최후를 맞았다. 슬픔에 빠진 궤네깃또는 부모를 위한 제사를 지낸 후, 제주 곳곳을 떠돌다 김녕 마을에 정착했다. 하지만 시간이 지나도 마을에서 제대로 대접받지 못하자 분노하여 재앙을 일으켰다. 이에 마을의 심방(무당)이 그를 달래기 위해 제의祭儀를 제안했지만, 대식가인 궤네깃또의 식욕을 감당하기 어려웠다. 결국 심방은 가난한 백성이 어찌 소를 잡아 바치겠느냐며 집마다 돼지를 잡아 바치겠다고 궤네깃또에게 제안한다.

이 협상으로 돼지를 제물로 삼는 돗제가 시작되었다. 돗제에서 돼지는 궤네깃또의 대식가적 면모를 드러내는 상징이자 마을의 안녕을 보장하는 약속의 매개체가 되었다. 그러니 돗제는 궤네깃또와 마을 주민 사이의 약속이자 협상의 결과인 셈이다.

오늘날 돗제에서는 돼지고기를 부위별로 썰어 신에게 올리고, 그 육수에 몸(몸, 모자반)을 넣어 몸죽을 끓인다. 이는 돼지 한 마리 전체를 바치겠다는 궤네깃또와의 약속을 여전히 지키고 있다는 의미이다.

김녕 출신인 나도 어렸을 때 돗제를 경험해본 기억이 있다. 초등학생 때인가 어머니와 함께 버스를 타고 할아버지 댁에 갔는데, 거실에 돼지고기를 담은 그릇이 여럿 놓여 있었다. 그 앞에서 어떤 분이 무언가를 읊조리고 계셨고, 나도 어른들을 따라 절을 했던 것 같다. 의식이

고기류

끝난 뒤에는 죽을 먹었다. 끈적한 국물 속에 부드러운 쌀과 함께 해초 같은 것이 떠 있었다. 처음엔 조금 낯설었지만 한 숟갈, 두 숟갈 뜨다 보니 속이 든든해졌다. 나중에서야 그날의 그 의식이 돗제였고, 그때 먹었던 죽이 몸죽이었음을 알게 되었다.

현재 돗제는 김녕리에서만 명맥을 이어가고 있다. 1년에 한 번, 혹은 3~5년에 한 번, 가을과 겨울 즈음에 정기적으로 돗제를 지내고, 집안에 궂은일이 있거나 혼례를 앞둔 경우 등 특별한 일이 있을 때도 비정기적으로 돗제를 지낸다. 온갖 시련을 이겨낸 영웅신인 궤네깃또에게 궂은일은 잘 해결되기를 빌고, 특별한 일은 무사히 잘 끝낼 수 있기를 기원하는 의미인 것이다. 과거처럼 돗제를 신당인 궤네깃당에서 행하지는 않지만, 여전히 마을에서는 집집마다 돼지를 바치는 전통을 이어가며 마을의 안녕을 기원하고 있다. 돗제는 제주에서도 일부 지

김녕리 축제에서 거행된 약식 돗제 ⓒ김규태
제주도 무형문화재 제13호 제주큰굿 보유자 서순실의 집전으로 진행되고 있다.

역에서만 지내는 독특한 무속행사이기 때문에 마을 사람이 아니고서는 좀처럼 보기 어려운 게 사실이다. 하지만 최근에는 김녕의 마을 축제에서 돗제를 약식으로 진행하니 궁금하신 분은 때를 맞춰 찾아가보시기 바란다.

화산섬 제주의 빛깔을 닮은 제주 흑돼지

돔베고기는 일반 돼지로도 만들지만, 돔베고기 특유의 고소한 맛을 느끼려면 아무래도 흑돼지가 더 적합하다. 흑돼지는 지방과 살코기의 비율이 적절하고, 육질이 쫄깃하면서도 깊은 풍미를 가지고 있어 삶았을 때 더욱 진한 맛을 낸다. 제주 사람들은 오래전부터 돼지를 길러왔고, 특히 제주 흑돼지는 제주를 대표하는 상징이 되었다.

제주인들은 언제부터 돼지를 키워왔을까? 제주 사람들이 돼지를 부르는 말은 '도새기' '도야지' '돗' 등 매우 다양하다. 그만큼 제주인의 삶 속에 돼지가 오랫동안 함께해왔음을 의미한다. 중국 사서인 『삼국지』에는 제주 사람들이 소와 돼지를 기르기를 좋아한다는 기록이 등장하는데, 이를 통해 적어도 삼국시대부터 제주에서 돼지를 사육해왔음을 알 수 있다.

그렇다면 제주에서는 애초부터 흑돼지를 길러왔을까? 이에 대한 단서는 조선시대 실학자 이익의 『성호사설星湖僿說』에서 찾을 수 있다.

고기류

이익은 "한반도의 재래 돼지는 대부분 검은빛을 띠며 간혹 흰 점이 박힌 경우가 있다"고 기록했다. 이익의 말처럼 제주 흑돼지는 원래 한반도 재래 돼지처럼 검은 털빛을 가졌으나, 제주의 환경에 알맞게 적응한 독특한 형태를 유지하고 있었다. 제주 흑돼지가 흑돼지의 대명사로 불리는 이유는 외래 돼지와의 교잡이 거의 이루어지지 않았기 때문이다. 제주 흑돼지는 비교적 오래도록 재래 돼지의 고유한 유전자와 특성을 유지해온 것으로 보인다. 하지만 20세기 이후 외래종이 도입되면서 개량이 이루어지게 되었다.

1928년 조선총독부의 기록에 따르면, 당시 제주에서 5만 마리 이상의 돼지가 사육되고 있었고 외래종과의 교잡 역시 점차 확산되는 추세였다. 본격적인 개량은 1970년대 이후 진행되었고, 이로 인해 여러 품종이 등장하게 되었다. 그중에서도 '난축맛돈'은 재래종에 비해 사육 기간이 반으로 줄어들어 생산성이 높고, 구이를 선호하는 한국인의 식문화에 최적화된 품종으로 평가받고 있다.

이처럼 개량종이 널리 보급되면서 재래 돼지인 제주 흑돼지는 한때 멸종 위기에 처하기도 했다. 이에 제주축산진흥원은 제주 흑돼지 복원을 위해 전면 조사를 실시했고, 우도에서 순수 혈통을 지닌 수컷 한 마리와 암컷 네 마리를 발견하게 된다. 이 수컷은 '김문'이라는 이름을 얻었고, 이후 교배를 통해 개체수를 서서히 늘려갔다. 김문은 사실상 제주 흑돼지를 되살려낸 '시조'와 같은 존재가 된 셈이다. 그 결과,

2015년에는 제주 흑돼지의 개체수가 260마리까지 회복되었고 천연기념물 제550호로 지정되었다. 현재 천연기념물 제주 흑돼지는 모두 김문의 후손들로, 이 한 마리의 돼지 덕분에 제주 흑돼지의 명맥이 이어지고 있다.

그렇다면 지금 우리가 접하는 흑돼지가 천연기념물 제주 흑돼지일까? 답은 '아니요'다. 오늘날 대부분의 흑돼지는 제주 재래종과 요크셔나 버크셔 같은 외국산 품종을 교잡해 만든 개량종이다. 개량종은 사육 기간이 짧고, 체중이 더 많이 나가 양돈 농가에서 널리 선호된다. 하지만 천연기념물 제주 흑돼지는 보호구역 밖으로 반출할 수 없고, 적정 사육 두수인 최소 250마리를 초과한 경우에만 예외적으로 반출

복원된 제주 흑돼지 ⓒ제주축산진흥원

고기류

이 가능하다. 실제로 이러한 까다로운 조건을 충족해, 예외적으로 진짜 제주 흑돼지를 식재료로 사용하는 식당도 제주 어딘가에 존재한다. 흑돼지의 원형에 가까운 맛을 경험해보고 싶다면, 조금만 수고를 들여 찾아보면 좋은 미식 여정이 될 것이다.

우리가 돔베고기로 즐기는 돼지고기는 천연기념물 제주 흑돼지가 아니라 개량된 흑돼지다. 하지만 돔베고기는 제주 사람들의 소박함과 자원 활용의 지혜, 그리고 공동체의 나눔 문화를 담고 있는 상징적인 음식이다. 단순한 한 접시의 고기를 넘어 제주인의 삶과 자연을 이야기하는 돔베고기. 김이 모락모락 피어오르는 돔베고기 한 점을 입에 넣으면서 그 안에 담긴 제주 흑돼지, 그리고 '김문'의 이야기를 떠올려 보면 어떨까?

김규태 ◆ 제주대학교 중어중문학과 강의교수

제주대학교 중어중문학과를 졸업하고, 동대학원에서 박사학위를 받았다. 중국 고전소설, 특히 범죄를 다룬 공안소설에 관심을 두고 연구를 이어오고 있다. 현재는 제주중국학회에서 총무를 맡으며 '제주에서 바라본 중국, 중국에서 바라본 제주'라는 주제로 제주와 중국 사이의 관계를 새로운 시각으로 들여다보고 있다. 최근에는 제주에 거주한 화교들의 이야기와 제주 한시에 얽힌 흔적을 찾아가는 작업에 몰두하고 있으며, 지은 책으로 『제주 한시 300수』(공저)가 있다.

말육회

금기와 풍습 사이의 역설

고기류

 여행이 만족스러우려면 볼거리, 먹거리, 즐길 거리 세 가지가 두루 갖추어져야 한다. 제주에 오셨다면 볼거리와 즐길 거리는 늘 차고 넘쳐 무엇을 고를지 오히려 고민될 것도 같다. 풍족하고 다양한 볼거리와 즐길 거리에 비하면 먹거리는 상대적으로 선택의 폭이 좁다. 제주 여행객들이 가장 많이 찾는 음식을 꼽자면, 흑돼지, 해물, 생선요리 등이 아닐까 싶다. 좀 특별한 먹거리를 찾고 있는 분에게, 고급스러운 맛에 제주 이야기까지 고스란히 담고 있는 말고기를 추천드리고 싶다.

말고기는 육회가 으뜸

생으로도, 익혀서도 다양하게 즐길 수 있는 제주만의 육고기라 하면 말고기만한 것이 없다. 말고기는 한국 어디에서나 쉽게 먹을 수 있는 음식이 아니므로 일단 특별하다. 쇠고기보다도 한층 부드러우면서도 깊은 풍미를 갖춰 럭셔리한 맛 그 자체다. 말고기는 구이, 찜, 탕, 샤부샤부, 육회, 사시미 등 다양한 방식으로 즐길 수 있어 대부분의 말고기 식당에서 코스 요리로 맛볼 수 있다. 말고기 요리 코스에는 일반적으로 모듬회, 육회, 구이, 갈비찜, 말곰탕 등이 기본으로 포함된다. 모듬회는 말의 연골, 안심, 등심, 간, 염통, 등골 등 특수 부위를 생으로 썰어 회로 먹는 것을 말한다. 육회는 쇠고기 육회와 마찬가지로 간을 하여 무친 음식을 말하는데, 말고기 코스 요리 중 으뜸이라 할 수 있다. 유명 먹방 유튜버가 말고기 코스를 먹어보고 말고기는 어떻게 먹든 맛이 훌륭하지만, 특히 육회를 위한 고기 같다는 평을 남겼다. 말고기는 생으로 먹으면 식감이 매우 부드러운데 혀에 닿는 순간 사르르 녹는 듯한 것이 아이스크림처럼 부드럽다가도 또 씹으면 쫄깃한 식감이 그대로 남아 있어 대반전의 맛이다.

말육회 ⓒ안영실

고기류

 말고기가 처음이라 무엇부터 먹어야 할지 고민이라면 말고기의 모든 매력을 한번에 즐길 수 있는 코스 요리를 추천한다. 말고기는 입을 즐겁게 해주는 맛만으로도 이미 훌륭하지만, 그 이면에 담긴 오랜 이야기를 함께 곁들인다면 아마 평생 잊지 못할 맛이 될 것이다.

지칠 줄 모르는 조랑말처럼

 '말은 나면 제주로 보내고, 사람은 나면 서울로 보내라'는 말이 있듯 제주는 예로부터 말의 고장이다. 제주가 말의 고장이 된 이유는 원나라와 밀접한 연관이 있다.

 고려 충렬왕 2년(1276), 삼별초 진압을 위해 제주로 쳐들어왔던 원나라가 일본과 남송의 징벌을 위해 제주에서 배를 만들고 말을 키우기 시작했다. 원은 160필의 말과 함께 목장을 운영할 목호牧胡들을 제주로 보냈다. 원에 의한 제주 통치는 이렇게 서막을 열었고, 그 기간은 한 세기 동안 이어졌다. 100년이 흘러 원나라가 멸망하고 명나라가 들어섰다. 명나라는 고려 공민왕에게 제주 말 2천 필을 바치도록 요구했고 공민왕은 제주에서 몽골의 목호들이 기른 말 2천 필을 바치라고 명한다. 이에 목호들은 강하게 반발하며 공민왕 23년(1374)에 '목호의 난'을 일으킨다. 공민왕은 군사를 보내 이 반란을 진압했다. 치열한 전투 끝에 제주에서 몽골 세력은 완전히 사라졌지만 그 과정에서 수

많은 제주 백성이 목숨을 잃었다. 제주 인구의 절반이 죽음을 당해 그 참담함은 이로 말할 수 없을 정도였다. 당시의 참상은 『신증동국여지승람新增東國輿地勝覽』 「대정현大靜縣」에 기록되어 있다.

> 고려 말에 나라를 다스리는 것에 방도가 없었고, 세금은 끝없이 거두어졌다. 우리 민족이 아닌 종족이 섞여서 '갑인의 변란'이 일어났으니, 무기는 바다를 덮고 시체는 땅을 뒤덮어, 말하자니 목이 메인다.

한 달도 안 되는 짧은 기간 동안 죄 없는 제주 백성들이 자기 나라 군인에게 목숨을 잃었으니 이를 '제주 4·3' 이전에 일어난 민중에 대한 가장 큰 학살이었다고 평가하기도 한다.

원나라가 물러난 후, 고려는 물론 조선시대에도 제주는 나라를 위해 말을 기르는 지역이었다. 특히 조선시대에는 국가의 힘이 말에 달려 있다고 여겨 말과 관련된 모든 일을 관장하는 '마정馬政'이 매우 중요했다. 1430년부터 제주의 중산간 지역에 국영 목장이 설치되었는데 그 수는 무려 63곳에 이르렀다. 제주 백성들은 말을 키우는 목자牧子와 같은 잡역으로 삶이 고단했고, 제주목사에게 목장과 말의 관리만큼 중요한 업무는 없었다. 마정이 중요해질수록 제주 사람들의 고통도 더해졌다. 말은 군사, 교통, 운반, 농경 등에서 가장 중요한 자산이었지만 말들의 천국이었던 제주에서 말은 오히려 제주 백성들에게 큰

고기류

고통을 안겨주었다. 제주 백성들이 짊어지는 여러 잡역 중에서도 목자들의 일이 가장 힘들고 고되었다. 목자들은 생업을 포기하고 말을 돌보지만 매년 천 마리에 가까운 말이 죽거나 없어졌고, 줄어든 말을 보상하느라 목자들은 재산을 잃고 가족들에게 피해를 줬다. 목자가 되는 일은 죽음의 길로 가는 것과 다름없어 모두가 기피했다. 제주목사 이형상의 『탐라장계초耽羅狀啓抄』에는 제주 목자들의 고통을 기록한 내용이 담겨 있다.

7600여의 말과 620여의 소가 63곳의 목장 안에 흩어져 있으며 (중략) 사철을 막론하고 번을 나누어 수직을 하는데 (중략) 유실한 것을 마련하여 세우도록 하니, 한 사람에게 1년에 요구하는 것이 간혹 말 10여 필에 이릅니다. 이것은 다른 도道의 목장에는 없는 역役입니다. 아무것도 없는 백성은 마련하여 내놓을 수가 없어, 끝내는 부모를 팔고 처자를 팔거나 자신의 몸을 품삯으로 저당 잡히거나 동생을 팔기에 이르는 역입니다. 세상에 어찌 이와 같은 풍속이 있습니까. (중략) 성조 때에 사람을 귀하게 여기고 짐승을 천하게 여겼던 뜻으로 살피면 천륜을 해치는 것입니다.

―이형상, 『탐라장계초』 완역본(김익수 편역, 제주특별자치도민속자연사박물관, 2021, 18~19쪽)

말의 고장인 제주에서 백성들은 말과 함께하는 세월만큼이나 기나긴 인고의 시간을 버텨내야만 했다. 그러나 제주 사람들은 좀처럼 지칠 줄 모르는 조랑말처럼 놀라운 인내력과 끈질긴 질주력으로 오늘날에 이르렀다.

친선 외교의 숨은 조력자

원나라에서 말이 들어오기 이전부터 제주에 있었던 재래종 '조랑말'은 '제주마'라고 하는데, 키가 115~117센티미터 정도밖에 되지 않아 말을 탄 채 과실나무 아래를 지날 수 있다 하여 '과하마果下馬'라고도 불린다. 과하마는 상고시대로부터 고구려와 동예의 특산물로 후한에 바쳐졌다.

조랑말이 고대에만 귀한 몸으로 대접받은 것은 아니다. 2017년 문재인 전 대통령의 중국 국빈 방문 당시 중국 당대 최고의 미술가인 한메이린이 조랑말 두 마리와 함께 김정숙 여사 영접에 나와 세인의 주목을 끌었다. 그리고 시진핑 중국 국가주석은 말이 그려진 〈분마도〉를 문 전 대통령에게 선물했다. 매 순간이 정밀하게 연출되는 정상회담 자리에서 말이 두 번씩이나 등장하며 친선 외교 역할을 톡톡히 해냈다. 중국과의 외교뿐만 아니라 한미동맹에서도 제주 말은 중요한 역할을 해왔다. 제주 조랑말 중에는 '미국 100대 영웅'에 이름을 올린 말이 있는데 그 이름은 '레클리스Reckless'이다. 레클리스는 한국전쟁 당시 미국 해병대 소속 군마로 활약했던 제주마다. 산악 지형이 많은 한반도에서 해병대 포탄을 운반하는 데 큰 공을 세워 군마 최초로 미 해병대 하사 계급장을 받고 호국영웅으로 불렸다. 2024년에는 제주 경마공원에 레클리스의 동상이 세워지며 레클리스는 70년 만에 고향의 품으로 돌아오게 되었다.

금기와 풍습 사이, 말고기 육식의 역설

제주에는 '몰괴기 숢은 된 가지 마라(말고기 삶는 데는 가지 말라)'는 말이 있다. 근처에 갔다가 얻어먹은 것도 없이 애꿎게 '말을 잡아먹었다'는 누명을 쓸 수 있다는 뜻이다. 제주에서는 오래전부터 말고기를 먹는 풍습이 있었으나, 말고기를 먹으면 부정하다는 믿음이 있어 제례나 명절 일주일 전에는 먹지 않았다.

제주 사람들은 선사시대부터 이미 야생마를 먹기 시작하여 산간 지역에서는 말고기를 먹는 풍습이 어느 정도 정착돼 있었다. 농업시대에 접어들어 말은 가축화되었고 농사의 든든한 버팀목이었다. 파종 뒤 푸석한 땅을 짓눌러 밟아주는 '밭볼리기'에 말이 동원되었고, 밭을 쉬이는 동안에는 말과 소를 몰아넣었는데 이들이 여기에 오줌과 똥을 누어 퇴비를 만들어주는 '바령'의 역할도 했다. 방앗간에서 곡식을 빻을 때 연자매를 끄는 일에도 말이 사용되었다. 추운 계절에는 말똥을 말려 연료로 사용하기도 했다. 이처럼 말은 제주 사람들의 생활과 농사일에 빠질 수 없는 중요한 자산이었기에 식용으로 도축되는 일은 드물었다. 대개 사고나 병으로 죽은 말, 노쇠하여 일을 못하는 말을 먹었다. 그게 아니면 극심한 자연재해로 먹을 것이 없거나 특별한 의례를 위해 희생이 필요할 때에만 먹었다.

몽골이 제주에 목장을 설치하면서부터 제주 말은 엄격히 관리되었으며, 말은 감히 사사로이 도살하여 식용할 수 있는 대상이 아니었다. 단지 고기를 먹기 위해 말을 도살했다가 감당하기 힘든 대가를 치러야 했으므로 말고기를 먹으면 부정이 따르고 불길해진다는 말이 점차 자연스레 퍼졌다. 그러나 말의 사육과 관리를 위해 제주에 머물던 몽골인들이 말고기를 전혀 안 먹은 것은 아니다. 원나라는 100년 동안이나 제주에서 말을 생산했지만 실제로 자국으로 말을 운송한 것은 두 번뿐이었다. 결국 제주에서 생산된 수많은 말들은 전장에 나가지 않고 늙어 죽거나 도살되어 식용으로 사용되었을 것이다. 제주의 몽골인들은 이렇게 얻어진 말고기를 먹었을 것이고, 그들이 한 세기 동안 제주 사람들과 생활하는 과정에서 제주 사람들의 말고기를 먹는 풍습에도 영향을 미쳤을 터이다.

조선시대에 이르러 제주의 말은 군마로 공급되고 죽은 말은 말고기 육포인 건마육과 말힘줄, 말가죽, 말총 등으로 진상되었다. 특히 건

고기류

마육은 귀족과 왕족의 식탁에 오르며 큰 인기를 끌었다. 조선 초에는 궁중과 상류층에서 말고기를 선호하여 품귀 현상까지 일어났다. 말의 공급이 부족해지자 말고기 섭취 금지령이 내려졌고 도축이 엄격히 제한되었다. 세종 때 말 도살이 성행하자 조정에서 말고기를 먹은 자 등 650명을 유배를 보냈을 정도로 말고기 도살에 대한 처벌은 엄격했다. 말고기 식용에 대한 부정적인 인식은 강력한 처벌에도 불구하고 말고기를 즐기는 사람들을 막기 위한 일종의 방편으로 생겼겠지만, 말고기의 식용을 막는 데 실제로 효과가 있었으리라 짐작된다. 오래전부터 말고기를 먹어온 제주에서도 '말고기를 먹으면 재수없다' '말고기를 먹으면 3년간 부정 탄다'는 속설이 만연해 있으니 말이다.

제주 4·3을 다룬 현기영 선생의 장편소설 『순이 삼촌』에도 토벌군들이 말고기를 먹지 않았음을 보여주는 장면이 나온다. 토벌군들은 겨울이 되어 미처 산을 내려가지 못한 소와 말을 그냥 놔두면 한라산에 숨어든 공비들의 양식이 된다며 이를 모두 총으로 쏘아 죽였다. 그러고는 쇠고기만 운반해가고 말고기는 그대로 내버려두었다. 쇠고기는 가져다 먹었을 것이고, 말고기는 먹으면 부정을 탄다고 하여 가져가지 않았음을 짐작할 수 있다.

1980년대 이후 제주 관광 산업이 발전하면서 말고기는 웰빙 식품으로 각광받기 시작했고, 말고기 육식의 부정설은 이제 '방패'가 아닌 없애야 할 '과제'가 되어버렸다.

맛에 풍미를 더해줄 '영주십경'의 피날레

한국에서 가장 아름다운 자연경관을 자랑하는 관광지인 만큼 제주에 오면 언제 어디서든 매혹적인 경치를 만날 수 있다. 볼거리가 많은 제주에서도 절대 놓쳐서는 안 될 경관을 뽑으라고 하면 단연코 '영주십경瀛洲十景'이라 할 것이다. 영주십경은 조선 후기 제주 문인 매계梅溪 이한우가 뽑은 제주의 빼어난 열 가지 경관을 말하는데, 오늘날에도 제주 관광에서는 빼놓을 수 없는 관람 포인트다.

고수목마古藪牧馬는 이 영주십경 중 하나로 한라산 중턱의 초원에 방목된 말들이 자유로이 풀을 뜯고 뛰노는 경관을 일컫는다. 목장이 많은 제주에서 중산간도로를 따라 이동하다보면 목장과 말들을 심심찮게 만나볼 수 있다. 그중 고수목마의 경지를 가장 잘 느낄 수 있는 곳은 역시 5·16도로변의 제주마방목지다. 이곳에서는 천연기념물 제347호로 지정된 제주 혈통의 조랑말들이 넓은 초원에서 한가로이 풀을 뜯고 자유로이 뛰어다니는 모습을 볼 수 있다. 한라산을 배경으로 펼쳐진 초원에서 뛰노는 말들을 보노라면, 순간 아이슬란드나 뉴질랜드의 목장에 와 있는 듯한 착각마저 든다. 이토록 아름다운 고수목마의 경지를 제대로 느끼려면 늦가을부터 이른봄은 피하는 것이 좋다. 이 시기에는 월동을 위해 말들을 해발이 낮은 목장으로 옮기기 때문이다.

영주십경의 열 가지 경관은 나오는 순서가 정해져 있는데 고수목마

고기류

고수목마 ⓒ안영실

는 그중 제일 마지막이다. 무대에서 피날레는 작품의 절정으로, 가장 극적이고 감동적인 순간을 선사하기 마련이다. 제주에 걸음해 영주십경의 대단원을 장식한 고수목마를 놓친다면 어찌 제주에 다녀갔다 할 수 있겠는가?

'검은지름을 먹어사 말고기 먹은거난 친다'

말고기는 육회로 먹는 것을 으뜸으로 치지만, 사실 말고기를 생으로 즐기는 것이 제주의 전통 방식은 아니다. 제주 사람들은 말의 간과

막창과 같은 내장 정도만 생으로 즐겼고 살코기는 익혀 된장에 찍어 먹거나 국으로 끓여 먹었다. 제주 사람들은 '검은지름을 먹어사 말고기 먹은거난 친다'고 하는데 '말은 막창을 먹어야 제대로 먹은 거'라는 뜻이다. 제주 사람들은 여럿이 돈을 모아 말을 사는 날에는 말고깃국을 해 먹는다. 말뼈를 삶은 육수에 내장과 고기를 넣어 끓이고 마지막에 메밀가루를 넣고 저어주면 모두가 함께 먹을 수 있는 국이 완성된다. 이 국은 국물맛이 특히 진해서 한번 맛보면 잊을 수 없을 만큼 일품이다. 말고기 코스 요리에서 마지막에 나오는 말곰탕이 바로 메밀가루를 풀어 넣은 제주식 말고기 국물이다.

말고기를 육회와 육사시미 형태로 즐기는 방식은 근대 일본 식문화의 영향을 받은 것이다. 일제강점기 때 일본은 제주의 말고기로 통조림을 만들어 군인들에게 제공했다. 당시 통조림을 만들었던 공장 이름이 '다케나카 통조림공장'이었는데 지금의 한림읍에 자리하고 있었다. 그때 제주에서 말고기를 먹을 수 있었던 것은 일본 사람들뿐이었다. 일본 사람들은 말고기를 익힌 것보다 생으로 먹기를 좋아하는데 이는 제주 사람들에게도 영향을 미쳤다. 일본에서는 말고기를 벚꽃 이름을 따 '사쿠라니쿠'라고도 부른다. 이는 말고기에 철분이 유난히 풍부해 진한 분홍색을 띤 모습이 마치 벚꽃의 빛깔과도 같다고 하여 지어진 이름이다. 제주에서도 말고기를 일본식 바사시(말고기 사시미)로 내놓는 곳이 적지 않다. 진분홍색 말고기를 얇게 저며 접시에 한 장

고기류

일본식으로 얇게 저민 사시미 ©안영실

한 장 겹쳐 펴놓으면 살포시 내려앉은 아름다운 벚꽃과도 같아, 젓가락으로 한 점을 떼어 먹기가 예술작품을 훼손하는 일처럼 미안해진다. 하지만 사람 마음이란 간사한 것. 정작 한입 먹고 나면 그런 마음이 이내 사라진다. 입안에서 사르르 녹아내리는 부드러우면서도 진한 말고기와 말기름의 풍미에 흠뻑 취해버리기 때문이다.

그러고 보면 오늘날 말고기 코스 요리는 말고기를 익혀 먹는 제주식 전통방식과 생으로 먹는 새로운 방식을 두루 즐길 수 있도록 고안한 식당 주인장들의 혜안이 담긴 메뉴라 하겠다.

안영실 ♦ 제주대학교 중어중문학과 강의교수
제주대학교 통번역대학원 한중과에서 석사학위를, 제주대학교 인문대학 중어중문학과 박사학위를 받았고 중국어 음운학을 전공했다. 지방자치단체 국제문화교류 업무 담당 공무원으로서 약 10년간 일했으며, 해외에 한국과 지역의 문화를 알리기 위해 힘쓰고 있다.

흑우구이

검은 암쉐가 진상 간다

고기류

한눈팔면 안 된다. 한우보다 귀한 흑우의 한 점이라도 그 육즙 새어나가면 두 눈에서 눈물이 흐른다. 육즙 가득한 흑우구이 한 점을 입에 넣으면 고생한 우리 부모님 삶의 애환이 녹아내리고, 무엇보다 귀한 내 자식의 기쁨이 온몸 가득 퍼진다. 온갖 산해진미 찾지 마시라, 어느 음식 감히 비하랴, 제주 흑우구이가 으뜸 중에 으뜸이다.

촘촘한 매력의 마블링, 흑우구이

임금님 진상품이었던 제주 흑우, 어떤 맛일까? 흑우는 진한 선홍빛을 띠고 육질이 탄탄해 시각적으로도 맛있어 보이지만 이 흑우의 진가는 마블링에서 드러난다. 한우보다 적지만 살에 촘촘히 박힌 지방이 일반 한우와 다르게 담백하고 고기 특유의 차진 식감을 느끼게 하는데, 이 맛을 제대로 느끼려면 반드시 '흑우구이'를 먹어봐야 한다. 가늘고 촘촘하게 박힌 마블링이 숯불과 만나면 씹는 맛 속에 고소한 풍미가 입안 가득 퍼진다.

흑우는 한우보다는 전체적으로는 마블링이 적기 때문에 일반 소고기 평가 등급으로는 1등급 이상을 받지 못한다. 하지만 그럼에도 불구하고 색다른 마블링에서 느낄 수 있는 흑우구이만의 매력이 있다. 또한 한우보다 지방이 적기 때문에 속이 덜 부담스럽다. 맛의 풍미를 한층 더 끌어올리기 위해 숙성해서 먹기도 하는데, 소 크기에 따라 숙성기간은 50~80일이 소요된다. 숙성된 흑우구이는 버터 아니면 우유 맛도 살짝 난다니 먹어보고 각자 판단해보도록 하자.

흑우구이 외에도 흑우는 흑우 냉채, 흑우 떡갈비, 흑우 육회 등으로도 즐기지만 코스 요리에서도 메인으로 나오는 것은 역시 흑우구이다. 생고기도 흑우는 고기 특유의 노린내가 없고, 구울 때 색다른 향이 더 강하게 풍긴다고 한다.

제주 흑우는 흑돼지와 함께 천연기념물로 분류되는데, 흑돼지보다 2년 앞선 2013년 천연기념물 제546호로 지정됐다. 흑돼지보다는 덜 유명한 터라 제주에서 흑우 전문점을 찾기가 쉽지 않다. 제주 속담에 '검은 암쉐가 진상 간다'라는 말이 있다. 임금께 진상한다던 그 흑우,

고기류

흑우 갈빗살 ⓒ김민경

서울 삼성동 '보름쇠'라는 흑우 전문점이 미슐랭 원스타 맛집으로 선정되는 등 오늘날에 다시 귀한 대접을 받고 있다. 특이하게 '보름쇠'는 제주가 본점인데 제주가 아닌 서울에서 미슐랭의 인정을 받았다. 현대판 검은 암쉐가 진상 간 격이다. 흑우는 한우와 비교해서도 다소 비싸다. 하지만 개성 있는 먹거리를 찾는 이가 많아지면서 그 소비량도 꾸준히 증가하고 있다. 제주에서 특별한 먹거리를 찾는다면 흑우구이를 한번 먹어보자. 그 특유의 맛이 특별한 추억과 함께 제주 여행에서의 여독을 사르르 녹여줄 것이다.

기원전부터 함께한 제주의 복덩이

칡소, 백우, 청우, 황우 등 소의 품종은 다양하지만 제주 설화에서도 나오는 검은 소 '흑우'는 제주와 오랜 역사를 함께했다. 학자들이 제주 유적지에서 발굴된 뼈를 분석한 결과 흑우는 기원전부터 제주에 있었으리라 추정된다.

진정한 제주 토박이라 할 수 있는 흑우의 최고 전성시대는 조선시대라고 할 수 있다. 조선시대에 흑우는 임금님 진상품으로 귀한 대접을 받았다. '검은 암쉐가 진상 간다'라는 제주 속담은 검은 암소가 맛이 있고, 조정에서 제를 올릴 때도 중요한 역할을 했기 때문에 생겨났다. 실제로『조선왕조실록』에 제주 흑우는 나라에서 지내는 제사에 항상 빠지지 않던 제물이라고 기록되어 있고, 고기맛이 우수하여 고려시대 이후 임금님 진상품으로 공출되었다고도 나온다.

제주 흑우는 제주에서 공출된 진상품 중에서도 특별했다. 정조 8년(1784) 제주에 기근이 심했을 때, 임금이 백성을 위로하는 문서를 보냈는데 여기에 보면 다른 공물의 진상은 연기하나 흑우, 감귤, 말은 예외로 한다고 말할 정도였다. 게다가 인조 5년(1627) 정묘호란 당시 흑우와 백마를 잡아 신의를 표하는 것에 대해 논의하는 등 화친을 위한 용도로도 사용됐다. 또 제주 관리들이 중앙 관리들에게 아부하기 위해 흑우를 보냈다고도 하니 그 귀한 정도는 말할 필요가 없다. 그뿐만이 아니다. 흑우의 뿔은 가운데 하얀 줄무늬가 있는데 주인에게 해를 가하지 않고 재물복을 안겨준다는 의미를 가졌다고 한다.

흑우와 재물복과 관련하여 제주에만 전해져내려오는 무속 설화가

흑우 ⓒ이가영

있다. 제주 설화「삼공본풀이」에는 인간의 행복과 불행을 주관하는 운명의 신인 가믄장아기가 나온다. 가믄장아기는 수동적이지 않고 주체적으로 자신의 삶을 사는 제주 여성의 상징으로도 여겨지는 존재다. 이 설화에서 가믄장아기는 집에서 쫓겨나지만 자신의 삶을 찾아 담담하게 떠나는데, 그때 제주의 복덩이라 할 수 있는 검은 암소와 함께 길을 나선다.

이 설화는 남자 거지와 여자 거지가 만나 부부가 되면서 시작된다. 이 거지 부부는 딸을 셋이나 낳았다. 첫째 딸은 은그릇에 죽을 쑤어 먹여 키워서 '은장아기', 둘째 딸은 놋그릇에 죽을 쑤어 먹여 키워서 '놋장아기', 셋째 딸은 검은 나무그릇에 죽을 쑤어 먹여 키워서 '가믄장아기'라 불렀다. 셋째 딸이 태어났을 때는 신기하게도 운이 트여 거지 부부가 부자가 되었다. 그러던 어느 날 부부는 세 딸을 불러놓고 '너는 누구 덕에 먹고 입고 잘사느냐?'고 물었다. 첫째 딸 은장아기와 둘째 딸 놋장아기는 부모 덕에 산다고 했지만 셋째 딸 가믄장아기는 제 복에 산다고 했다가 집에서 쫓겨난다. 이때 가믄장아기는 입던 옷만 챙겨 검은 암소를 데리고 집을 떠난다. 그후 가믄장아기는 마를 파는 마음씨 착한 마퉁이를 만나 시집도 가고 우연히 마밭에서 금덩이 은덩이를 발견해 부자가 되었다. 하지만 가믄장아기가 검은 암소와 집을 나간 뒤 그 부모는 장님이 되어 다시 거지 신세로 돌아다니게 되었다. 이 소식을 들은 가믄장아기는 장님 잔치를 열어 부모님을 찾았고 이에 놀란 부모님은 다시 눈도 뜨고 온 가족이 오순도순 행복하게 살았다고 한다. 아마 가믄장아기도 검은 암소의 복을 받은 것이 아닐까?

제주에는 가믄장아기와 관련된 굿인 '삼공맞이굿'도 있다. 제주 사투리로 '전상'을 차지한 신을 맞아들여 집안의 사기邪氣를 내쫓고 나쁜 '전상'을 풀어내는 굿이다. '전상'이라는 제주 사투리는 '전생'에서 온 듯하나, 하나의 일에 집착하는 마음 또는 그런 행위를 뜻하는 말로 쓰인다. 술, 노름, 도둑질 등에 집착하여 끊을 수 없는 것은 나쁜 '전상'이고, 어떤 직업에 몰두하여 성공하는 것은 좋은 '전상'이다. 이러한 '전상'을 차지한 신이 삼공으로, 즉 삼공맞이굿은 '삼공신'인 가믄장아기를 청하여 가난이라는 나쁜 전상을 쫓고, 부富라는 좋은 전상을 끌어들이기 위해 제주도 큰굿에서 연행되는 굿놀이다. 임금님께 진상 가는 귀한 흑우는 주인에게 재물복까지 가져다주니 이러나저러나 흑우는 제주 사람들에게 복덩이였나보다.

'와규'와는 다른 '제주 흑우'

와규는 일본 토종 소 '화우和牛'를 일본식으로 발음한 것으로 일본산 와규, 호주산 와규가 있다. 한국은 일본산 와규 수입을 금지하고 있으나 호주에서 번식에 성공한 호주산 와규는 한국에서도 맛볼 수 있다. 호주산 와규도 전 세계에서 고급 소고기로 인기가 있다. 심지어 한 햄버거 프랜차이즈에서 와규를 내세운 메뉴까지 출시할 정도다. 그에 반해 제주 흑우는 제주 흑돼지보다 덜 알려진 터라 간혹 흑우를 일본 와규의 일종으로 생각하기도 한다. 옛날 제주인에게 소는 식용이 아닌 일소로 농사에 주로 사용되었기에 그 식문화가 늦게 발달해서인지 제주 사람들조차 헷갈려 하는 경우가 있다.

사람들이 흑우에 대해서 잘 몰랐던 이유가 또 있다. 일제강점기 시절 조선총독부에서 우리나라 소 중 적갈색 소만을 한우로 인정하고 일본은 검은 소를 기본으로 한다는 한우표준법을 제정했다. 이 정책에 따라 적갈색 이외의 소를 한반도에서 반출하면서 제주 흑우가 사라질 위기에 처했다. 하지만 제주에 남아 있는 흑우를 보존하고 증식하려고 노력한 덕택에 제주 흑우가 다시 부활했다. 한때는 일본 와규가 일제강점기에 제주 흑우를 가져가 개량시켜 만들어낸 소라는 주장도 있었다. 그러나 2012년 일본이 와규는 일본 재래종 '타지마 소'를 모체로 했음을 인증했고 특별한 반론이 없는 한 오늘날 와규는 '타지마 소'에서 파생된 품종이라고 보인다. 와규와 제주 흑우는 검은 소라는 공통점은 갖지만 확실히 다른 소다. 조선시대에 최고의 전성기를 맞았던 제주 흑우, 안타깝게도 일본의 한우표준법 제정 이후 근대시기까지 그 진가를 드러내지 못했다. 당시 제주 사람들에겐 일소의 존재가 더 중요했다. 한우표준법 때문에 잠시 잡종으로 분류됐던 흑우는 크기가 작아 누렁소보다 힘이 좀 모자랐고, 털색도 검어서 천대받았기 때문에 식용으로 맛을 따지기 시작한 건 얼마 되지 않았다.

일본은 일찍이 산업화되면서 소 개량과 사육 방법을 꾸준하게 발전시켰고 100여 년의 시간을 들여 지금처럼 와규를 성장시켰다. 하지만 제주 흑우도 영양학적인 면과 맛에서 와규에 뒤지지 않는다. 제주 흑우는 고급육으로 전 세계에서 인정받고 더 나아가 와규의 명성을 능가할 수 있는 잠재력을 충분히 가지고 있다. 이제 부활을 넘어서 전 세계로 뻗어갈 우리 제주 흑우의 위상을 기대해본다. 제주 설화에 나오는 가믄장아기와 같이 집을 나섰던 검은 소, '제주 흑우'가 다시 설화처럼 막대한 재물복과 함께 돌아오고 있다.

제주와 함께한 '쉐'의 흔적

제주와 오랜 시간 함께한 흑우는 어떻게 사육했을까? 본래 제주에서는 소를 풀어놓고 키웠다. 그래서 어느 집 소인지 확인하기 위해 엉덩이에 낙인을 새기거나 근대에 이르러서는 귀에 이표耳標를 하기도

고기류

했다. 현재는 제주가 한라산국립공원으로 지정되면서 방목해 키우는 사육 방식은 거의 사라졌다. 그래도 옛날 소 사육과 관련된 역사의 흔적을 곳곳에서 찾아볼 수 있다.

제주에는 소와 말 등 가축 방목을 위해 해묵은 풀을 없애고 해충을 구제하기 위해 마을별로 불을 놓았던 풍습이 있었다. 이를 '방애'라고 한다. 옛날에는 농약이 없었기 때문에 마른풀과 해충을 없애는 방법으로 불을 놓았던 것이다. 이렇게 불놓기를 통해 자라난 새 풀을 소나 말이 편하게 뜯어먹도록 했다. 불놓기를 할 곳에는 물도랑을 치거나, 소들이 산 위로 올라가지 못하게 쌓았던 담 주위를 쟁기로 갈아 불이 번지지 않게 준비했다. 이렇게 해마다 이루어졌던 불놓기는 1966년 산불 방지와 삼림 보호를 위해 금지되었다가 1997년부터 '방애'를 현대적으로 재해석한 행사인 '들불축제'를 개최하면서 그 문화의 명맥을 이어갈 수 있었다. 해마다 새별오름에서 펼쳐지는 '오름불놓기'라는 축제를 보기 위해 수많은 국내외 관광객들이 제주를 방문했다. 이 축제는 제주인이 자랑하고 싶은 문화자원 1위로 선정된 적도 있으나 산림보호법 위반 논란으로 폐지되어 현재는 디지털 기술을 이용한 축제로 진행되고 있다. 그래도 인터넷에서 '제주들불축제'를 검색해보면 축제 당시의 현장감을 영상으로나마 느껴볼 수 있다.

유명 연예인이 살면서 덩달아 유명해진 마을인 '소길리'에서도 방목 역사의 흔적을 찾아볼 수 있다. 소길리의 옛 이름은 '쉐질'인데 소

'오름불놓기' 행사가 열렸던 새별오름 ⓒ김민경

의 제주 사투리 '쉐'와 길의 제주도 사투리 '질'이 합쳐진 이름으로 '소의 길'이라는 의미다. 마을이 쉐질 주변에 형성됐다고 해서 마을 이름을 쉐질이라고 했다. 이후 19세기 초반에 '쉐질'을 표준어 '소길'로 부르면서 이를 한자 소길小吉로 표기한 것이다. 또 소길리에는 올레길이 비포장 흙길로 되어 있어 '쉐질'이 '올레길'로 여전히 살아 있다. 새별오름과 소길리는 현재 제주특별자치도 제주시 애월읍에 위치해 있어 주변 관광지를 돌아보면서 같이 한번 둘러볼 만하다.

'전경' '바람' '돌담'의 삼박자

'탁 트인 전경, 시원한 바람, 가지런한 돌담.' 이 삼박자가 어우러져 내가 지금 제주에 있구나 하고 느끼게 하는 이곳은 바로 서귀포시 대정읍 무릉리에 위치한 모동장毛洞場이다. 모동장은 소와 말을 관리하

고기류

돌담이 세워진 모동장 ⓒ김민경

던 곳이었으나 현재는 축산업보다는 농업이 주로 이루어져 본기능은 쇠퇴했다. 하지만 예전에는 제주 서부 해안 평야 지대에 소를 전문적으로 생산하기 위해 설치된 유일한 목장이었다. 한라산과 그 주변 오름을 그린 지도인 〈제주삼읍도총지도濟州三邑都摠地圖〉에는 대정현 소재 모동장, 가파도의 별둔장別屯場 등 네 개의 소목장이 보인다. 이를 통해 흑우 생산이 국가적인 관리하에 이뤄졌다는 사실을 알 수 있다. 그러나 1840년 아편전쟁 당시 영국 군함이 식량 문제로 가파도 별둔장에 방목중인 흑우를 약탈하는 사건이 발생하자 남은 흑우들을 가파도에서 대정현 모동장으로 옮겼다. 1841년 기록된 『탐라지초본』에는 소 637두가 기재되어 있으며, 주로 바람에 잘 날리는 제주의 뜬 흙을 밟아주는 '밭볼리기'에 이용되었다고 한다. 이 모동장은 1900년까지 운영되었다.

흑우를 전문적으로 기르던 모동장을 찾아가 둘러보면 그 주변에 돌담이 세워져 있는 모습을 볼 수 있다. 원래 모동장에서 말과 소는 방목하면서 키웠는데 주변 농경지를 함부로 침입하여 농사를 망치는 일이 빈번하자 농가 주민들이 함께 밭담을 쌓은 것이라고 한다. 지금은 그 돌담의 흔적만 남아 있지만 그래도 한번 모동장의 돌담길을 따라 걸어보자. 흑우와 함께한 제주의 역사 그리고 흑우를 관리했던 이들의 삶과 문화가 어렴풋하게나마 느껴질 것이다.

김민경 ◆ 제주대학교 중어중문학과 강의교수
제주대학교 통번역대학원에서 한중과 석사학위를 받았고, 동대학 일반대학원에서 「『사성통해』의 한자음 연구」로 박사학위를 취득했다. 현재 제주대학교 중어중문학과에서 강의교수로 재직하고 있다. 제주도 출생으로 제주도에 관심이 많아 문화재청에서 실시한 기록유산 DB구축 사업에 참여해 제주도의 고서 및 고문서를 확인했다.

찡샤부샤부

제주가 겨울을 기억하는 방식

고기류

겨울의 별미, 꿩샤부샤부

꿩을 뜻하는 '치雉'라는 글자를 가만히 들여다보면, 사람들과 꿩의 오랜 관계가 읽힌다. 치雉는 새를 뜻하는 추隹와 화살을 뜻하는 시矢가 합쳐진 글자다. 따라서 꿩은 '활로 쏘아 잡는 날짐승'이라는 의미가 된다. 사냥을 뜻하는 시에 날짐승이 결합한 경우는 이 글자를 제외하곤 단 하나도 없다는 사실까지 고려해보면, 꿩은 사냥당하기 위해 태어난 존재라 해도 과언이 아니다.

꿩은 여러모로 재미있는 사냥감이다. 살아 있을 때는 이 세상 것 같지 않은 화려한 색과 무늬로 사람을 놀래킨다. 오죽했으면 왕실을 상징하는 열두 가지 문양 중 하나로 지엄한 권위를 상징했겠는가. 그러나 막상 잡아보면 어찌 그리 작고 초라해 보이는지. 제법 덩치가 있는 장끼라고 해도 삼계탕에 들어가는 작은 닭 크기 정도에 불과하다.

겨울에 꿩사냥을 즐겼던 제주 사람들은 그 작은 꿩 한 마리로 어떻게 하면 식구들이 나누어 맛을 볼 수 있을지 방법을 고민했을 것이다. 가장 확실한 방법은 삶는 것이다. 조금 호사스럽게 담백한 맛을 즐기려 한 이들은, 맛을 해치지 않는 무나 배추 등을 넣어 만든 꿩탕을 만들어 먹었다. 기록에 따르면 꿩탕은 제사상에 오르기도 했단다. 일반적인 조리법은 꿩을 삶은 육수에 메밀 반죽을 넣어 먹는 꿩메밀칼국수였다. 가장 특이한 조리 방식은 꿩을 고아 엿으로 만든 꿩엿이다. 꿩엿은 주로 아이들에게 먹이던 음식이었는데, 입이 아릴 정도로 단 그 맛을 기억하는 이들의 수요가 제법 있는지, 요즘도 시중에 보인다. 이처럼 제주 사람들은 꿩을 다양한 방식으로 즐겼는데, 이에 비하면 꿩샤부샤부는 여러모로 이채로운 음식이다.

또래 중 유난히 죽이 잘 맞았던 친구들이 있었다. 내가 늦은 결혼을 마치자, 셋이 모두 결혼한 셈이 되었다. 다음해 첫애가 태어나자, 자연스럽게 세 가족은 한 달에 한 번씩 모임을 가지게 되었다. 모임이래야 돌아가면서 자기 집에서 저녁을 준비해 나눠 먹는 정도였다. 봄에는 구멍치기로 낚아낸 '감팍이(검은 돌우럭)', 여름에는 한치, 겨울에는 방어처럼 주로 제철 음식들을 먹었던 것으로 기억한다.

나는 겨울이면 늘 꿩샤부샤부를 준비했다. 모임 당일 오전에 상명

고기류

이라는 중산간 마을에 위치한 꿩농장으로 가서 실한 암꿩 두어 마리를 가져온다. 손질되어 살짝 얼려진 상태로 가져와서 두툼한 가슴살 양쪽을 도려내어 회처럼 얇게 저민다. 저민 고기를 접시에 곱게 담아 냉장실에 넣어두고, 나머지 살과 뼈로 육수를 낸다. 어느 순간 살을 발라내는 솜씨가 나날이 늘어 칼날이 뼈를 느끼며 피해 갈 정도가 되어가길래, 스스로 '포정해우庖丁解牛의 경지'라며 슬며시 웃기도 했었다. 내 역할은 거기까지였고 버섯이나 채소, 양념장 등의 준비는 아내의 몫이었다.

'꿩 대신 닭'이라는 말이 있듯이, 둘은 모양도 맛도 비슷하다. 하지만 맛의 깊이가 좀 다르다. 닭으로 우려낸 육수는 소금이 살짝 더해지

저민 꿩고기 ⓒ이진영

기만 하면 감칠맛이 바로 올라오지만, 꿩으로 낸 육수는 좀 늦게 반응한다. 진중하달까. 세 집의 고만고만한 또래 아이들은 어울려 까르르 웃거나 울어대고, 어른들은 둥글게 모여 앉는다. 상 가운데 버너가 올라오고, 그 위에 한참을 우려놓았던 꿩 육수를 담은 냄비를 올린다. 담백한 육수에 가슴살을 살짝 데치기 시작한다. 가슴살을 집어 끓는 육수에 담가 (내 입맛으로는 여섯 번 정도) 살랑살랑 흔들다보면 살짝 말리기 시작하는데, 이때가 꿩고기의 살이 가장 연하고 맛도 잘 느껴지는 순간이다. 여기에다 각종 버섯이나 채소가 더해지면서, 꿩샤부샤부는 조금씩 제맛을 내놓는다.

신혼방 안을 바지런히 기거나 뛰어다니며 울다 웃던 아이들의 열기와 냄비 위로 피어오르는 김이 창문을 뿌옇게 덮어가던 그 시절, 돌이켜보면 서로 무슨 말들을 그리 나눴던지. 술을 곁들인 저녁식사에서 오고간 치기 넘치던 말들이야 유념할 게 없었겠지만, 무슨 말을 하든 허물이 되지 않는 이들끼리의 참으로 안온한 저녁이었음은 분명하다.

천혜의 사냥터, 한라산 중산간

산이 섬이고 섬이 산이라는 말이 있다. 한라산이 제주이고 제주가 한라산이라는 말이다. 그 정도로 제주 사람들은 한라산에 기대어 살아왔다. 이 한라산 기슭 중 해발 200미터에서 600미터 정도에 펼쳐진

고기류

너른 벌판을 '중산간'이라 불렀다. 이곳 중산간의 너른 벌판이나 초지가 가축을 키우는 유목민이었던 몽골인들을 매료시켰으리라는 상상은 어렵지 않다. 제주에 들어와 중산간의 가치와 가능성을 최초로 알아본 이가 누군지 특정할 수는 없겠지만, 아마 그는 놀라 외마디소리를 지르며 그 자리에 주저앉았을 것이다.

그곳에는 그들이 평소 꿈에서나 그리던 축복받은 땅이 펼쳐져 있었다. 야트막하게 솟은 오름은 고향의 그것과 같았고, 겨울이면 시들어버리는 목초들이 여기서는 사시사철 푸르게 자랐다. 그뿐인가? 늑대나 여우와 같이 가축을 해치는 맹수도 없었고, 강수량까지 풍부해 가축들을 먹일 물 역시 충분했다. 원나라 순제(토곤테무르)가 이곳 제주에 피난 궁전을 마련하고자 했던 일도 우연이 아니다.

사시사철 푸른 목초가 자라는 중산간에서는 유목민이었던 몽골인들의 선진 기술에 의한 대규모 목축이 이루어졌다. 특히 제주 동쪽 중산간은, 원나라가 점령지에 설치한 열네 개 황실 목장 중 하나였을 정도였다. 아마 이들은 중산간의 너른 목초지에서 말을 키우며, 틈틈이 길들인 매를 사용해 꿩을 사냥하는 매사냥을 즐겼을 것이다.

조선이 건국하면서 몽골인들의 활동 무대였던 중산간은 조선의 국영 목장으로 변모한다. 세종은 제주 사람 고득종의 의견대로 제주 전역에서 키워지며 농작물을 밟아대거나 먹어 치우던 말과 소를 한라산 중산간에서 기르도록 하였다. 이것이 조선시대 내내 제주 사람들을 짓눌렀던, 이른바 '10소장'의 시작이었다. 여기서 길러진 말들은 한 해에 200~400마리씩 조선 조정으로 보내졌다. 조선에서 1년에 필요한 말 전체 수요의 60퍼센트를 담당했다고 알려진다.

숙종대 제주목사로 부임했던 이형상은 지금까지도 제주 사람들의 존숭과 증오를 한몸에 받는 인물이다. 그는 기득권이던 토호 세력에 대해서는 철저히 무시로 일관하면서, 조선의 이념에 맞춰 성리학으로 무장한 사대부 계층을 육성하여 구체제를 대신할 새로운 질서를 제주에 도입하고자 했다. 이를 위해 1년이 조금 넘는 기간 동안 무려 21건의 장계를 올렸고, 숙종의 전폭적인 지지를 등에 업고 제주를 바닥부터 완전히 뒤집어놓았다.

이형상 목사가 제주 개조로 바쁜 와중에도 가장 기대했던 행사가 바로 10월로 예정되었던 '큰 사냥', 즉 대렵大獵이었다. 그는 당시 대정현 감산리에 유배되어 있던 전 이조판서 오시복에게 편지로 이를 귀띔했다. 이에 오시복은 '그 사냥이 그리 볼만한 큰 행사라니, 그림으로 그려 나중에 고향으로 돌아가 가족이나 벗들에게 자랑거리로 삼는 것이 어떠신가?'라고 답장했다. 이 제안의 결과로 나온 것이 국보 지정 추진까지 이루어졌던 화첩 『탐라순력도耽羅巡歷圖』다. 추수가 끝난 늦가을, 제주목관아를 나와 동쪽으로 섬을 일주하며 벌인 다양한 행사를 그린 『탐라순력도』 41폭의 그림 중 〈교래대렵橋來大獵〉은 당시 중산간 교래리에서 벌어졌던 큰 사냥을 담았다.

고기류

    교래리에서 벌어진 큰 사냥에 참여한 관원은 삼읍 수령과 감목관이었으며, 사냥에 동원된 인원은 말을 타고 사냥하는 기마병 200명, 걸어서 짐승을 일정한 장소로 모는 군사 400여 명, 포수 120명 등이었다. 이형상 목사는 이날 사냥으로 사슴 177마리, 돼지 11마리, 노루 101마리, 꿩 22마리를 잡았다고 기록하고 있다. 이형상은 재임 기간 동안 사적인 기록으로 『탐라록』을 남겼는데, 여기에는 "창록蒼鹿은 사로잡혀 내 뒤를 따르고 꿩은 화살을 쏘는 대로 누구 곁에 떨어지나"라는 말로 이날의 흥을 노래했다.

    이날 사냥에서 천 년 묵었다는 신선들의 벗, 창록까지 사로잡은 이형상 목사는 매우 기분이 좋았다. 그는 이 창록을 한라산 신선이 자신에게 보낸 선물로 인식했고, 제주목관아로 데리고 와 집무실에서 내려다보이는 감귤밭에 묶어두고 정성껏 돌보았다. 오시복의 사면을 요청하는 주제넘은 장계를 올려 체임되어 제주를 떠나게 되자 이 창록이 사냥당할까 염려하여 무인도였던 협재해수욕장 앞쪽 비양도에 풀어주고 떠났다. 이 사슴의 행적은 『탐라순력도』〈비양방록飛揚放鹿〉에 고스란히 남아 있다.

    한라산 기슭에 흩어져 자라는 말은, 인구조사같이 3년마다 한 번씩 점검했다. 그러기 위해서는 일단 한라산의 말들을 한곳으로 모을 필요가 있었고, 이 장면을 그린 것이 『탐라순력도』의 〈산장구마山場駈馬〉다. 이 일은 울타리를 만드는 결책군이나 말을 타고 말을 모는 구마군,

그리고 말테우리(말목동) 등 6천 명 이상이 동원되던, 제주에서 가장 큰 행사였다. 한라산 위쪽에서부터 말을 몰면서 내려오다보면 멧돼지나 노루, 꿩 등 다른 짐승들까지 한꺼번에 떠밀려 내려오게 되는데, 이것들이 사냥감이 되었던 모양이다. 한라산 중산간은 이처럼 아주 훌륭한 사냥터이기도 했다.

제주 사람들의 꿩사냥

제주의 사농바치,
국립중앙박물관 소장

조선 말기, 한라산 중산간의 10소장이 유명무실해지면서 사람들은 먹고살기 위해 목장 터였던 중산간을 잠식해 들어가기 시작했다. 주로 화전火田에 의한 농사와 사냥 등이 이곳에서 이루어졌다. 중산간 마을에서 사냥은 보통 농사가 끝나는 음력 8월 이후부터 다음해까지 행해졌다. 주요 사냥감은 꿩, 노루 그리고 오소리 등이었다. 제주에서는 사냥을 '사농', 사냥을 업으로 하는 이를 '사농바치', 사농바치 중에서 특히 꿩을 잡아 파는 사람을 '꿩바치'라고 불렀다. 꿩엿을 만드는 12월 무렵에는 성안을 돌아다니며 잡은 꿩을 팔고 다녔던 꿩바치들이 많았다 한다.

까투리와 장끼는 춘분부터 청명 사이에 짝짓기를 마치고, 청명부터 곡우 사이에 산란하여 알을 품는다. 망종 무렵에 까투리는 새끼 꿩을 데리고 산야로 나와 걸음마 등의 훈련을 시작한다고 한다. 꿩이 가장 취약한 시기는 알을 품는 시간이다. 알을 품은 까투리는 사람이 꿩을 후려칠 막대기인 '꿩매'를 등뒤에 감추고 슬금슬금 다가오는 모습을 보고도 차마 자리를 못 떠나는 경우가 많다. 비정한 노릇이지만, 사냥꾼들은 바로 이 순간을 노린다.

중산간 마을에서는 겨울이 되면 청년들이 모여 꿩을 사냥하곤 했는데, 아주 단순하면서도 그럴싸한 꿩사냥 방식이 전해진다. 계절이 겨울로 접어들고 눈이 내리기 시작하면, 일이 없어진 마을 청년들이 모여 꿩사냥을 모의한다. 장비라곤 꿩을 후려칠 '꿩매' 하나에 날랜 몸이 전부. 약속된 대로 몇 사람이 꿩을 날리면 나머지 사람들은 꿩이 나는 방향을 보고 쫓는다. 꿩은 처음에는 몇백 미터를 힘차게 날아 청년들을 쉽게 따돌린다. 하지만 이곳저곳에서 약속된 대로 소리치며 연거푸 날리면, 꿩은 얼마 날지 못하고 덤불 속으로 숨어들게 된다. 이러면 청년들이 둥글게 대형을 갖춰 포위망을 좁혀가다가 빠져나가려는 꿩을 작대기로 후려쳐 잡는다는, 제법 그럴싸한 사냥법이다. 그러나 꿩이 덤불 속에서 얼마나 재빠른지 안다면, 이는 결코 녹록한 일이 아니다. 하기야 눈 오는 날 할일 없는 청년들이 혈기를 주체 못해 재미삼아 벌이는 일이었다고 생각하면, 이해 못할 바도 없겠다.

좀더 노련한 사냥법도 있었다. 청명과 곡우 사이에 알을 품고 있는 까투리를 집중적으로 노리거나, 입으로 혹은 복숭아 씨앗으로 만든 기구로 번식기 까투리 소리를 내어 장끼를 유인해 사냥하는 방법 등이 마을마다 구전된다. 가장 쉽고 일반적인 사냥은 개를 이용한 방식이다. 이는 청년들이 했던 사냥법을 개들이 대신한다고 보면 된다. 개들이 번갈아가며 계속 꿩을 날리고 지친 꿩이 덤불로 숨어들면, 사람과 개가 포위해 잡는 방식이다. 이처럼 겨울 중산간에서 벌어지던 꿩 사냥은 세시풍속이나 놀이처럼 행해졌던, 제주 사람들이 겨울을 기억하는 방식 중 하나였다.

쇠솥과 살랑살랑

한라산 중산간 들녘은 한때 말을 키우던 몽골인들의 활동 무대였다. 거기에다 몽골인들이 제주 사람들을 동원해 한라산의 아름드리나무들을 베어 일본 정벌에 사용할 배를 만들게 하고 항해의 길잡이까지 시켰던 사실을 떠올려보라. 옥쇄玉碎를 결심한 일본군들이 미군에 맞서 한라산 중산간에 깊고 견고한 참호를 구축했던 일은 또 어떤가?

고기류

꿩샤부샤부 ⓒ이진영

몽골인들이나 일본군들까지 어쩌면 모두 한라산 중산간에서 한 번쯤은 꿩을 별미로 맛보았을지 모른다.

  사실 이처럼 얇게 저민 고기를 뜨거운 육수에 데쳐 먹는 방식은 전에 없던 방식이다. 아직 이런 방식의 유래에 대한 명쾌한 설명은 없어 보인다. 다양한 설들을 취합해보니, 투구 등 쇠로 된 그릇을 불에 걸어 고기를 물에 익혀 먹는 방식은 유라시아 대륙을 휩쓸고 다니던 몽골인들의 요리법이라는 설명이 다수였다. 거기에다 얇게 썬 고기를 뜨거운 물에 살짝 데쳐 먹는 방식은 또 일본인들의 방식이란다. 이 대목에 이르자, 나도 모르게 멈칫할 수밖에 없었다. 사실이 이렇다면, 내가 한때 즐겼던 꿩샤부샤부는 제주 중산간이라는 공간을 중심으로 펼쳐졌던 시간이나 사건을 이어주는 참으로 경이로운 이력을 가진 음식이 되기 때문이다.

 몽골인들의 '쇠솥'과 일본인들의 '살랑살랑しゃぶしゃぶ', 몽골인들의 도구와 일본인들의 방식. 쇠솥에 물을 끓여 꿩고기를 살짝 데쳐 먹는 꿩샤부샤부는 일종의 퓨전이자, 묘한 역사적인 함의가 담긴 음식이라 할 것이다. 이처럼 꿩샤부샤부는 치기 넘쳤지만 그래도 따뜻했던 옛 기억을 불러내는 동시에 한라산 중산간이라는 공간에서 벌어졌던 이루 다 언급할 수 없는 사건들까지 떠올리게 해주는 음식이다. 꿩이 지엄한 권위의 상징이면서 동시에 사냥감이었듯, 꿩샤부샤부라는 이 음식은 다시 이중적이라 해야 할 것인가.

이진영 ◆ 제주대학교 중어중문학과 강의교수

탕류

몸국 (ᄆᆞᆷ국)

기쁨도 나누고, 마음도 나누는 맛

제주에선 통과의례인 관혼상제를, 특히 혼례를 가장 성대하게 치렀다. 남녀 사이의 결혼은 집안의 경사이자 마을의 경사로, 온 마을 사람들이 마치 제 일인 양 서로 도우러 집을 드나들었다. 이때 빠지지 않고 등장하는 먹거리가 있었으니, 바로 돼지다. 그리고 특별한 날에만 먹을 수 있던 돼지를 알뜰살뜰 마지막까지 먹을 방법을 고심하던 제주 사람들이 고안한 방법이 제주 몸국이다. 진하면서도 구수한 고깃국물과 톡톡 터지는 식감의 몸(몸, 모자반)이 만난 몸국의 맛은 제주 사람들에게는 언제 먹어도 추억을 불러일으키는 존재다.

무슨 결혼식을 일주일이나? '일뤳잔치'

옛 제주에서 혼례는 두 사람만의 결혼식이 아니었다. 가족 간의 결합을 넘어 마을 전체가 함께하는 축제였다. 육지에서는 혼례가 하루에 끝나는 경우가 많다. 하지만 제주에서는 지역에 따라, 집안에 따라 다르긴 해도 대개 '돗(돼지) 잡는 날→가문잔치→본잔치'로 이어지는 절차가 최소 3일, 길게는 7일까지 진행되었다. 이를 제주 사투리로 '일뤳잔치'라 불렀다. '일뤳'은 '7일'을 뜻하는데, 그만큼 혼례가 길고 성대하게 진행되었다는 말이다.

혼례의 시작은 '돗 잡는 날'이다. 이날은 잔치에 쓸 돼지를 도축하고 손질하는 과정이 진행된다. 혼례 준비 과정에서 잔치에 사용할 돼지를 '자릿도새기'라 불렀다. '자릿도새기'는 어미의 젖을 갓 뗀 어린 돼지 한 쌍(암수)을 의미하며, 이를 2~3년간 정성껏 키워 잔치 음식으로 활용했다. 여기서 '자리'라는 말에는 두 가지 설이 있다. 하나는 돼지를 팔지 않고 그 '자리'에 남겨두고 키웠다는 점에서 유래되었다는 설이고, 다른 하나는 '새끼'나 '작다'를 뜻하는 제주 사투리에서 비롯되었다는 설이다. 어원이 무엇이든 돼지고기가 귀했던 제주에서 혼례를 앞둔 가족들은 이를 위해 미리 어린 돼지를 키웠으며, 급한 경우에는 이웃에게 빌리거나 오일장에서 구입하기도 했다.

그렇다면 언제부터 잔치에 돼지고기 음식을 먹었던 것일까? 정확히 언제부터였는지는 확실하지 않지만, 조선시대 제주목사인 이원진

탕류

의 『탐라지眈羅志』에서 단서를 얻을 수 있다.

구혼하는 사람은 반드시 술과 고기를 준비한다. 납채納采하는 사람도 역시 그렇게 한다. 혼롓날 저녁에 사위는 술과 고기를 갖추어 신부의 부모를 뵙고 술에 취한 후에야 방에 든다.

여기서 말하는 고기는 아무래도 돼지고기였을 가능성이 크다. 그렇다면 적어도 이 책이 편찬된 1653년 무렵에는 잔치에 돼지고기가 사용되었다는 말이다. 특히 '반드시'라는 표현을 통해 미뤄볼 때, 제주의 잔치에서 돼지고기는 빠질 수 없는 핵심 음식이었음을 알 수 있다. 따라서 제주의 가정에서는 이를 대비해 잔치에 쓸 돼지를 반드시 길러야 했던 것이다.

한편 돼지를 잡는 일은 마을 사람들의 몫이었다. 친척들과 이웃들이 모여 돼지를 잡고 부위별로 정리했다. 앞다리 한쪽은 따로 빼어 사돈집에 보내는 것이 예의였다. 나머지는 큰 솥에서 삶아 국물을 내고, 순대를 만들고, 살코기를 발라 다양한 요리에 사용했다. 이렇게 우려낸 '돗 국물(돼지 육수)'은 이후 여러 날 동안 잔치 음식의 기본이 되었다.

둘째 날에는 가까운 친척과 마을 사람들이 모여 결혼식 준비를 하며 잔치를 즐겼다. 이를 '가문잔치'라 불렀다. 가문잔치에서는 전날 우려낸 돼지 육수에 모자반이나 고사리를 넣어 탕국을 만들고, 돼지고기와 내장 요리를 곁들여 손님을 대접했다. 제주에서는 이날을 특히 '먹는 날'이라 표현했다. 재미있는 사실은 결혼식 날보다 먹는 날이 훨씬 사람들로 붐볐다는 점이다. 결혼식 때는 친척이나 가까운 사람들이 참석하지만, 먹는 날에는 친척을 비롯하여 마을 사람들이 모여들어 잔치를 즐기기 때문이다. 어렸을 때 경험을 떠올려보면, 잔칫집 옆 공터에 천막을 쳐놓고 그곳에서 윷놀이를 하는 어른들의 커피 심부름을 하며 용돈을 벌기도 했다. 내 기억 속 가문잔칫날은 어른과 아이를 막론하고 모두가 기쁨을 나누는 날이었다.

  결혼식 당일이 되면 신랑과 신부는 전통적인 절차에 따라 혼례를 치렀다. 본식 자체는 육지의 혼례와 비슷한 점도 있었지만, 하객을 맞이하는 방식은 제주만의 특징이 있었다. 제주에서는 결혼식이 열리는 날 손님들이 정해진 시간에 모여 예식을 지켜보지 않는다. 따로 시간을 정하는 게 아니라 하루종일, 아무때나 자유롭게 방문해서 축하를 건넸다. 그래서 하객들을 위해 '고깃반'이 준비되었다. 고깃반은 돼지고기 석 점, 순대 한 점, 마른 두부 한 점을 담은 접시로, 찾아온 손님들을 골고루 대접하기 위한 방식이었다. 여기서 고기 석 점은 결혼식 음식의 대명사처럼 여겨졌다. 그래서 제주 사람들은 결혼에 대해 말할 때 '국수를 먹는다'라고도 말하지만, '(돼지)고기 석 점을 먹는다'라고도 표현한다. 그러니 결혼식에서 돼지고기를 먹지 않으면 결혼식에 가지 않은 것과 마찬가지다.

탕류

고깃반 ⓒ김규태
돼지고기 석 점, 순대 한 점, 마른 두부
한 점이 놓여 손님에게 제공된 접시

고깃반이 준비되면 손님들은 원하는 시간에 찾아와 식사를 하며 축하를 건넸다. 결혼식이 진행되는 동안 많은 사람이 오갔고, 음식을 골고루 나누기 위한 세심한 준비가 필요했다. 특히 돼지고기가 귀했던 시절에는 모든 손님이 공평하게 음식을 나눠 먹을 수 있도록 조율하는 일이 중요했다. 이를 위해 제주 혼례에는 항상 한 사람이 중심을 잡고 음식 배분을 조절하는 역할을 맡았다. 이 사람 손에 잔칫날 고기의 운명이 달려 있었고, 그가 어떻게 돼지고기를 나누느냐에 따라 손님들의 만족도가 결정되었다.

그가 바로 '도감都監' 어른이었다.

약방에는 감초, 제주 잔치에는 도감

'약방에 감초'라는 말이 있다. 한약에 감초를 넣는 처방이 많기에 한약방엔 반드시 감초가 있다는 뜻이다. 흔하다는 의미일 수도 있겠지만, 그만큼 꼭 필요하다는 뜻이기도 하다. 제주 잔치에서 약방에 감초와 같은 역할을 하는 존재가 도감이다. 도감은 원래 고려와 조선시대에 나라에 큰일이 있을 때 임시로 설치한 관청을 뜻했다. 예를 들어 왕과 왕비의 장례를 담당했던 '국장도감國葬都監', 왕이나 세자·세손의 혼례를 담당했던 '가례도감嘉禮都監' 등이 대표적이다. 이처럼 도감은 어떤 특정한 일을 '담당'하는 기관이었는데, 제주에서는 이러한 개념이 잔치 문화로 내려왔다. 도감은 혼례를 총괄하는 사람을 뜻하기도 했지만, 시간이 지나면서 주로 '고기를 관리하는 사람'으로 그 의미가 좁혀졌다. 제주 사람들은 돼지를 잡고 삶아낸 후 살코기와 순대, 내장을 적절히 배분하는 역할을 맡은 이들을 '도감'이라 불렀다.

제주 잔치의 중심, 도감 ⓒ제주일보
예전에는 주로 남자 어른이 담당했지만, 지금은 보기 어려운 풍경이 되었다.

탕류

　제주의 결혼식은 하루가 아니라 며칠간 이어졌고, 하객들도 자유롭게 찾아왔다. 예상보다 많은 손님이 방문할 수 있었기에, 도감은 고기가 부족하지 않도록 조절해야 했다. 도감은 고기를 최대한 얇고 넓게 썰어 접시를 푸짐하게 보이도록 구성했다.

　도감은 공동체의 협력과 나눔을 조율하는 중요한 임무를 맡았다. 한 사람이 고기를 여러 번 가져가버리면 나중에 오는 사람들에게 돌아갈 몫이 줄어들기 때문에 도감은 이를 철저히 관리해야 했다. 만약 고기가 부족하면 '도감이 ᄌᆞ냥(조냥, 절약)하지 못했다'는 원망을 들어야 했고, 반대로 넉넉하게 배분하면 '도감이 인심 좋다'는 칭찬을 받았다. 먹을 것이 풍족하지 않았던 시절, 돼지고기는 가장 귀한 음식이었고 결혼식은 그 귀한 고기를 함께 나눌 수 있는 특별한 기회였다. 도감은 잔치에 참석한 모두가 만족하고 돌아갈 수 있도록 최선을 다했다. 그의 손에 잔치의 성패가 달렸다고 해도 과언이 아니었다.

　오늘날에는 제주의 결혼식 문화도 많이 달라졌다. 대부분의 결혼식이 호텔이나 전문예식장에서 열리면서, 결혼식에서 도감을 보기가 어렵다. 예전처럼 돼지를 직접 잡아 잔치를 준비하던 풍경은 사라졌지만, 돼지고기가 결혼식에서 중요한 음식이라는 인식은 제주 사람들에게 여전히 남아 있다. 손님상 위에 수많은 반찬이 놓여도 '고기 석 점'이 올라간 고깃반은 여전히 한 자리를 굳건히 지키고 있다. 그것은 제주의 결혼 문화에 지금까지도 '고기 석 점'이 갖는 의미가 사라지지 않앉음을 의미한다. 무엇보다 반가운 일은, 호텔에서 결혼식을 치르더라도 수육을 써는 도감이 자리하는 경우가 아예 없지는 않다는 사실이다. 만약 제주에서 결혼식에 참석했다가 수육을 즉석에서 썰어내는 사람을 본다면, 여러분은 사라져가는 '제주 잔치의 중심'을 만난 셈이다.

마음을 나누는 국물, 몸국

잔칫날, 부엌 한쪽에서는 커다란 솥이 바글바글 끓고 있다. 이 솥 안에서 돼지의 머리부터 발끝까지 모든 부위가 삶아지고, 다른 지역에서는 볼 수 없는 독특한 제주 순대도 여기서 익혀진다. 이렇게 끓여낸 '돗 국물'은 잔치의 시작과 끝을 담당하는 제주 잔치의 중요한 요소였다. 돗 국물은 일종의 육수이기 때문에, 여기에 무엇을 넣어 먹느냐에 따라 국물의 모습과 이름이 달라진다.

국을 만들기 위한 재료는 각 지역과 집안의 형편에 맞추어 결정된다. 예를 들어 바닷가 마을에서 채취한 해초인 모자반을 넣으면 몸국이 되고, 중산간 마을에서 꺾어둔 고사리를 넣으면 고사릿국이 된다. 그도 아니라면 놈삐(무)를 넣거나 퍼대기 배추(속이 차지 않은 배추)를 넣어 끓이기도 했다. 이렇게 다양한 재료를 더해 국을 끓이는 이유는 하나다. 잔치에 찾아와준 많은 손님에게 푸짐하게 제공하기 위해 양을 늘리려는 것. 그러니 돗 국물은 그 자체로 제주의 나눔과 절약 정신

탕류

을 보여주는 예다.

그중에서도 몸국은 제주 잔치 음식을 대표한다. 오늘날에는 제주 어디서나 쉽게 맛볼 수 있지만, 예전에는 특별한 날에만 먹는 귀한 음식이었다. 몸국을 처음 접한 육지 사람들은 하나같이 독특한 향과 끈적이는 국물에 놀라곤 한다. 제주 몸국의 이러한 특징은 메밀과 돼지의 내장에서 비롯된다. 돗 국물을 끓일 때는 순대를 함께 삶아내는데, 이때 순대 속에 들어간 돼지 피를 엉기게 하려고 메밀가루를 넣는다. 삶는 과정에서는 순대가 터지지 않게 살짝씩 구멍을 내두는데 여기서 빠져나온 메밀가루가 국물을 탁하고 걸쭉하게 만든다. 또 국물에 순대를 만들 때 못 쓰는 내장을 비롯한 각종 부산물을 다져 넣어 내장의 맛을 진하게 우려낸다.

제주 몸국 ⓒ김규태
모자반이 가득 들어간 구수한 몸국

소설 『순이 삼촌』으로 잘 알려진 소설가 현기영은 어렸을 때 '몸국'이란 이름보다 '돝(돗)배설국'이라는 표현을 더 자주 들었다고 한다. 여기서 '배설'이란 내장을 뜻하는 제주 사투리로, 돼지 내장이 가득 들어간 국이 몸국의 본질임을 말하고 있다. 몸국을 끓일 때 끈적임이 부족하면 추가로 메밀가루를 더 넣어 국물의 농도를 맞추기도 하는데 그런 과정을 거쳐 제주 국물 요리의 대명사, 몸국이 완성된다.

제주 몸국의 또다른 특징은 모자반의 독특한 식감에 있다. 입안에서 '토도독' 하고 터지는 질감은 처음 접한 사람에게는 낯설게 느껴질 수도 있다. 모자반은 제주 바다 어디서나 손쉽게 구할 수 있는 해초라 바닷가 마을의 잔치에서는 반드시 몸국을 끓여 손님을 대접했다. 그러나 일제강점기 이후에는 일본으로 대량 수출해 정작 제주 사람들은 모자반을 쉽게 먹을 수 없었다. 또한 제주 바닷속 환경이 변하면서 해초가 자라기 어려운 '갯녹음(백화) 현상'이 발생해, 자연산 모자반 자체를 찾기도 어려워졌다. 다행히 제주도 해양수산연구원과 추자도수협이 공동으로 모자반 양식 실증 사업을 추진한 결과, 대량 양식에 성공하였다. 어촌의 새로운 소득 작물로서 지역 경제 활성화에 이바지하게 된 것이다.

그런데 왜 많고 많은 해초 중에 하필 모자반을 넣어 국을 끓인 것일까? 몸국을 직접 요리해본 어른들의 말에 따르면, 모자반은 오래 끓여도 퍼지지 않고 그 독특한 식감을 유지하기 때문이라 한다. 참고로 모자반은 여느 해초와 같이 무쳐서도 먹는데, 이때 사용하는 모자반은 연하고 야들야들한 어린 모자반이다. 하지만 몸국에 들어가는 모자반은 조금 억세고 많이 자란 것이어서 오랜 시간 끓여도 식감이 변하지 않았던 모양이다.

전통적으로 몸국은 혼례에서 본식 하루 전 가문잔치 때 대접되었다. 먼길을 달려와 혼례 준비를 돕는 친척들과 마을 사람들의 노고를 위로하는 따뜻한 국물이었다. 먹을 것이 귀했던 제주에서 돼지고기를 푹 고아 만든 국물은 무엇보다 귀한 음식이었고, 이를 한 사람이라도 더 맛보게 하려는 고민 끝에 몸국이 탄생했다. 몸국은 단순한 국물이 아니다. 함께 나누고, 정을 쌓으며, 공동체의 기쁨을 나누는 제주의 잔치 문화 그 자체였다. 돼지고기의 깊은 풍미와 바다에서 건져올린 모자반이 어우러진 몸국 한 그릇에는 제주 사람들의 삶과 지혜가 고스란히 담겨 있다.

오늘날 잔치에서 몸국을 먹는 풍습은 예전만큼 흔하지 않지만, 그 따뜻한 국물 속에는 여전히 제주의 역사와 제주 사람들의 이야기가 살아 숨쉰다. 한 숟갈을 떠서 입에 넣는 순간, 그 국물 속에 담긴 나눔과 협력의 정신이 우리의 몸과 마음을 따스하게 데워줄 것이다.

김규태 ◆ 제주대학교 중어중문학과 강의교수

고사리 육개장

산에서 나는 소고기로 끓인 명품 국

제주식 고사리 육개장은 일반 육개장과는 비주얼이 사뭇 다르다. 육개장 하면 얼큰한 국물 위로 빨간 고추기름이 둥둥 떠다니는 모습이 떠오르지만, 제주식 육개장은 걸쭉한 죽 같은 질감으로 지금껏 먹어본 육개장과는 180도 다른 느낌이다. 육개장 하면 뭐니뭐니해도 소고기 국물이지만, 제주식 육개장은 돼지고기로 국물을 우려냈고 빨간색이라고는 파, 참깨와 어우러진 고춧가루 정도가 전부다. '어? 자극적이지 않고 담백한데요. 근데 이거 진짜 육개장 맞아요?'

육개장에 공통으로 들어가는 나물로는 고사리와 숙주가 대표적이다. 조리 방법은 전국 팔도 나름의 특징이 있어 육개장의 원조라 여겨지는 '대구식 육개장'에는 낙동강에서 자란 파와 무가 듬뿍 들어간다.

고사리 육개장 ⓒ문성호

전라도에서는 토란대를 꼭 넣는 지역이 있어 '토란대 육개장'이라고도 하며, 메밀막국수의 고장 강원도에서는 메밀칼국수를 육개장에 넣어 먹기도 한다. 서울과 충청도 지역에서는 고사리 대신 파를 많이 썰어 넣어 '파국'이라고도 부르는데 제주에서는 고사리를 부각시켜 '고사리 육개장'이라고 한다. 고사리에 얽힌 이야기를 파헤쳐 제주식 육개장을 더욱 맛깔나게 즐겨보자.

산에서 나는 소고기, 명품 제주 고사리

"제주에서 맛본 고사리 육개장 맛이 어때요?"

"고사리가 씹을수록 고기 같아요, 고사리 식감이 찢어놓은 고기를 먹는 맛이에요."

일반 육개장은 손으로 찢어 넣은 살코기가 주인공이라면, 제주식 육개장은 고사리가 주인공이다. 빻은 후 푹 삶은 고사리의 식감은 고기의 식감을 방불케 하며 고사리에 진득하게 뒤엉킨 살코기와 함께

탕류

한입 삼키면 입안 가득 묘한 맛의 조화가 펼쳐진다. 제주에서 고사리는 '산에서 나는 소고기'라고 할 정도이니 육개장에 들어간 소고기 역할을 충실히 수행하고 있다고나 할까?

청정 제주는 고사리 천국이다. 고사리는 전국 어디서나 잘 자라지만 공해에는 약해 대기가 오염된 지역에서는 잘 생장하지 못한다. 고사리는 양치식물로 햇볕이 잘 쬐는 양지부터 햇볕이 거의 없는 음지나 평야, 해발 2000미터의 높은 산, 건조한 곳부터 늘 물기가 있는 습지까지 어느 곳에서나 잘 자라지만, 습도를 좋아하여 다른 큰 식물들이 드리운 그늘 밑에서 더 잘 자란다. 그리고 직광보다는 차단된 빛을 선호하며 온전한 흙보다는 낙엽, 나무껍질 등이 썩어 있어 유기물 함량이 높은 숲의 토양에서 가장 잘 자란다. 곶자왈 지대가 넓게 펼쳐진 제주는 고사리 생장과 찰떡궁합이다. 곶자왈은 화산 활동중 분출한 용암류가 만들어낸 불규칙한 암괴 지대로 숲과 덤불 등 다양한 식생을 이루는 곳을 말한다. 숲을 뜻하는 '곶'과 암석이 뒤덮인 덤불을 뜻하는 '자왈'을 합성한 제주어다.

봄철 제주의 오름과 숲길을 걷다보면 옹기종기 자라난 어린 고사리가 눈에 띌 때가 있는데, 제주는 언제부터 이처럼 고사리로 가득했을까? 충암 김정의 『제주풍토록』을 보면 제주의 산나물은 삼백초와 고사리가 가장 많다고 했고, 추사 김정희는 그의 아내에게 보낸 한글 편지에서 "산나물은 더러 있나본데 여기 사람은 순전히 먹지 아니하니 이상한 풍속입니다. 고사리, 소로쟁이와 두릅은 있기에 혹 얻어먹습니다. 도무지 시장市場이 없사오니 모든 것이 매매가 없어서 있어도 모르고 얻어먹기 어렵습니다"라고 했다. 다른 산나물은 더러 있어도 잘 먹지 않은 것, 시장이 없고 매매가 없어도 고사리는 얻어먹을 수 있었던 점으로 미뤄보아 제주 사람은 예로부터 고사리를 일상의 먹거리로 즐겼음을 알 수 있다. 고기가 귀했던 제주 밥상에 고사리는 봄이면 잊지 않고 찾아와주었다.

제주의 봄비? 고사리 장마

봄비가 부슬부슬 내리는 4월부터 5월 중순까지는 '고사리철'이라 하여 고사리를 집중적으로 채취하는 시기다. 고사리는 땅 위로 올라온 직후, 잎이 펼쳐지기 전인 어린 순일 때 꺾어야 하는데 우후죽순이라는 말처럼 비가 온 뒤 고사리의 순이 여기저기 더욱 잘 솟아난다. 이런 제주 봄철의 우기를 일컬어 '고사리 장마'라고 한다.

봄장마를 일컫는 고사리 장마라는 말에는 매해 '고사리 풍년'을 염원하는 마음도 담겨 있다. 산책을 겸한 고사리 꺾기가 아닌, 고사리 채취가 목적이라면 동트기 전 새벽에 나설 것을 추천한다. 새벽에 가야 고사리손이 아기의 손처럼 모여 있어 발견하기 쉽기 때문이다. 『훈몽자회訓蒙字會』에서는 고사리를 권두채拳頭菜라고 했는데 주먹을 쥔 모양의 나물이라는 뜻이다. 재미있는 점은 매해 고사리를 꺾는 제주 사람도 늘 신기해하는 고사리의 생명력이다.

　제주도 속담에 '고사리는 아홉 형제다'라는 말이 있다. 청명을 전후해 땅에서 솟아나는 고사리를 꺾어버리면 다시 솟아나는데, 그 횟수가 무려 아홉 번에 달함을 뜻한다. 고사리의 어원에 고사리가 아홉 번 산다는 뜻의 '구살이'라는 것이 있는데, 고사리를 실제 꺾다보면 이 말에 쉽게 공감할 수 있게 된다.

　봄철 해발 200~600미터 중산간의 들판 혹은 오름 입구의 양 갈래 길에 가보면 각종 차량이 즐비한 모습을 쉽게 목격할 수 있다. 형형색색의 등산복을 입고 고사리 앞치마를 두른 삼삼오오 행렬이 분주하게 고사리 꺾을 채비를 한다. "올해 고사리 꺾어 번 돈으로 집에 냉장고 새로 들여놨어"라는 말이 제주도에서는 우스갯소리가 아니다. 육지 고사리에 비해 월등히 맛좋기로 소문이 난 제주 고사리를 꺾으러 육지에서 원정을 온 여행객도 심심찮게 마주할 수 있다. 올레길 걷기 열풍에서 고사리 꺾기 열풍까지, 운동으로 님도 보고 고사리로 뽕도 따볼까! 이전에는 허리에 '촘바구리(바다에 나갈 때 차는 대바구니)'나 '송키바구리(허리에 끈으로 차는 대바구니)'를 차고 고사리를 꺾었지만, 지금은 대개 고사리 앞치마를 두른다. 매의 눈으로 고사리 새순을 찾고 나서는 허리를 굽혀 인사하듯 '톡' 하고 고사리를 꺾는다. 고사리는 손으로 '톡' '톡' 꺾을 때의 경쾌한 소리와 촉감이 어우러진 손맛이 있다고 한다.

과거에는 고사리를 한 바구니씩 꺾었다면, 이제는 한 앞치마씩 꺾는다고 해야 할까? 고사리 앞치마는 밑을 지퍼로 여닫게 만들어져 있어 덤프트럭이 물건 쏟아내듯 수확한 고사리를 한번에 쏟아낼 수 있다.

고사리를 찾기 위해 바닥만 보면서 다니다보면 본인도 모르게 길을 잃기도 하는데 채취 장소가 들판과 숲이라 자칫 위험해질 수도 있다. 고사리를 꺾다가 길을 잃는 경우가 빈번하여 '고사리 실종'이라는 말이 생겨날 정도이니, 경찰과 소방안전본부에서는 매해 현수막 등을 활용해 고사리 채취시 안전사고 예방을 위한 홍보 활동을 하는 실정이다.

제주 고사리는 크게 볕고사리와 숲고사리로 나뉘는데, 볕고사리는 초원 등 볕이 잘 드는 곳에서 연둣빛으로 자라며, 숲고사리는 가시덤불이나 억새로 우거져 볕이 잘 들지 않는 곳에서 굵고 통통하게 자란다. 숲고사리는 자왈고사리라고도 하는데 귀해서 대개 제사용으로 사용한다. 자왈고사리는 주로 그늘진 풀숲 밑에 자생해 초보들은 발견하기 쉽지 않다. 고사리 꺾기 달인은 자신만의 고사리 명당을 숨겨두고 남에게 쉽게 알려주지 않는데 "고사리 명당은 딸이나 며느리에게도 알려주지 않는다"는 말이 괜히 나온 것 같지 않다.

『동의보감東醫寶鑑』「탕약편」에는 "고사리는 성질이 차고, 활하며 맛은 달다. 갑자기 나는 열을 치료하고, 소변을 나가게 한다"고 그 효능이 설명되어 있다. 고사리는 또한 독성이 있어서 생으로는 먹지 못한다. 이 독성분은 곤충의 공격으로부터 자신을 보호하기 위해 생합성된 물질이라고 한다. 고사리를 먹기 위해서는 데쳐서 말리고, 다시 불리고 끓여야 한다. 먹는 방법에 따라 독이 되기도 하고, 약이 되기도 하는 고사리는 제주에서 강인한 생명력을 상징한다.

귀신도 좋아하는 고사리

우리말 속담에 '고사리는 귀신도 좋아한다'는 말이 있다. 예로부터 고사리는 귀신도 좋아해서 제사상에 빼놓지 않고 올려놓았다는 데서 유래한, 우리나라 사람 모두가 몹시 즐겨 먹는 음식임을 비유적으로 이르는 말이다. 제사상에 올리는 음식으로 고사리가 빠지지 않는 이유로 백이와 숙제의 지조와 절개가 후대에 이어지기를 바라는 마음 때문이라는 해석이 있다. 조선시대 사육신의 한 명인 성삼문은 자신의 충절을 보이며, 차라리 굶어죽을지언정 임금이 바뀐 땅에서 난 것이라면 고사리는 고사하고 하찮은 풀이라도 먹지 않겠다고 노래하기도 했다.

고사리는 우리나라에서 유교식 제사의 필수적인 제수로 역할을 해왔다. 『조선왕조실록』「태종실록」을 보면 "시물時物을 종묘에 천신하도록 명했는데 3월에는 고사리를 올린다"라고 기록되어 있다. 「세종실록」과 「성종실록」에는 "햇고사리가 나는 시기에 맞추어 올리고 과할 때는 면제하기도 하였다"라고 적혀 있고, 『동국여지승람』의 전라도 편에는 제주산 감귤과 함께 고사리도 진상품으로 등재되어 있다. 고사리는 건조시켰다가 먹을 수도 있어, 춘궁기에 '고사리밥'이라 하여 굶주린 배를 다스릴 때도 이용됐으니 생명을 연장하는 귀한 식물이었다.

육지와 달리 제주에서는 본제를 지내기 전에 문전신 '녹디생이'에게 올리는 문전제를 지낸다. 한번쯤 제주 올레길을 걸어본 적이 있을 텐데 올레는 길에서 집까지 연결된 아주 좁은 골목 비슷한 길이다. 제주에서는 걸어 잠그는 커다란 문을 세우면 제물이 막혀 들어오지 않는다는 속신俗信이 있어 문을 만들지 않는다. 제주 초가의 안과 밖을 출입하려면 주인이 거처하는 방인 '상방'의 앞쪽 문을 지나게 되는데 이 문을 '대문'이라 한다. 제주에서는 이 대문을 매우 중시하여 모든 제사나 명절 때 이 대문 앞에 작은 제상을 차려 제사를 지낸다. 이 대문에서 지내는 제가 바로 '문전제'인데 제주 문전 신화 속의 똑똑한 막내아들 녹디생이에게 지내는 제다.

문전상 ⓒ문성호

탕류

집안으로 들어오는 첫 문전과 부엌, 울타리 안 동서남북, 집 출입문 등에 그곳을 지켜주는 신들이 있고 이들에게 가내의 안전과 행복을 빈다. 이러한 풍습은 현재까지 이어져 제주의 가옥 형태는 변화했지만, 지금도 문전상을 현관을 향하게 하여 문전제를 지낸다.

제주에서 고사리는 제사의 시작부터 끝까지 조상신과 소통하는 매개체로 중요한 상징성을 갖는데 "고사리 한 움큼이면 제사 명절 다 한다"는 말이 있을 정도다. 제사는 무덤에 있는 조상을 집안으로 모신다는 의미로 제일 먼저 고사리 한두 가닥 정도를 앞 그릇에 놓는 것으로 시작한다.

제사상에 고사리를 차리면 신의 만족도가 높아서 감응을 잘한 나머지 상에 기꺼이 내려와서 먹는다고 한다. 제사상에는 보통 직접 채취한 고사리를 올린다. 4월에 따는 고사리는 '초물고사리'라고 해서 가장 맛있는 고사리로 치는데, 제주 사람들은 조상님께 이 초물고사리를 올려야 된다고 생각한다. 4월 한 달 동안 1년간 사용할 질이 좋은 제수용품을 마련하는 것이다. 제주에서 고사리는 육지의 김장 재료처럼 상시 비축해두는 채소다. 제사 혹은 굿상의 제수로 올라가는 이런 제수 나물을 제주어로 '탕쉬'라고 한다.

술잔 안의 고사리 몇 가닥 ©문성호

보따리전 ⓒ문성호

주로 고사리, 콩나물, 미나리, 무, 호박, 양하 등으로 집안마다 조금씩 다르지만, 어느 집이건 '고사리탕쉬'만큼은 꼭 올린다. 남은 음식을 고사리에 올려놓아 지게로 지어서 승천한다고 믿기 때문이다. 고사리 꼭지에 갈라진 부분은 지게인 셈이다.

제주의 많은 가정에서는 계란 반죽에 고사리를 몇 가닥 나란히 놓고 넓게 펴서 부친 전을 제사상에 올리는데, 조상이 승천할 때 차린 음식을 싸가지고 간다고 하여 '보따리전'이라고도 부른다. 과거 살림이 어려워 계란조차 구하지 못할 때는 메밀가루로 묽은 반죽을 만들고 고사리 한두 가닥이라도 넣어 전으로 부쳐 제사상에 올렸다고 한다. 제주에서 고사리는 자손의 번성을 상징하기도 한다. 묘지에 돋아난 고사리는 제수 탕쉬로 쓰지도 않고 먹지도 않는데, 묘지의 어린 고사리는 자손의 탄생을 상징한다. 자손이 고사리의 생명력처럼 끊임없이 번성하기를 바라는 것이다.

국물이 달라요

과거 육고기가 귀한 제주에서는 잔칫날 돼지를 잡으면 고사리를 넣어 국을 끓인 후 마을 사람들과 나눠 먹었다.

제주의 70~80대 어르신에게 물어보면 젊어서부터 제주식 육개장을 먹어봤다고 하니, 그 내력이 짧지만은 않은 것 같다. 육개장의 걸쭉함은 메밀가루가 결정하는데 식당마다 걸쭉한 정도가 다르다. 걸쭉함과 정통 고사리 육개장의 상관관계는 명확하지 않다. 메밀가루를 넣는 비율이 정해져 있지 않기 때문이다. 식당마다 서로 다른 걸쭉함을 체험하며 맛을 품평하는 것도 고사리 육개장을 즐기는 또하나의 방법이라 할 수 있다.

문성호 ♦ 제주대학교 인문과학연구소 학술연구교수

성게 미역국

제주 인심의 척도

제주 인심은 성게 미역국에서 난다

'제주 인심은 성게 미역국에서 난다'는 말이 있다. 최상의 식재료로 손꼽히는 성게와 청정 제주 바다에서 자란 자연산 미역의 만남이니 귀한 음식이다. 제주에서는 특히 잔치나 상 등 집안 대소사 때 손님에게 대접하는 음식으로 성게 미역국이 자주 나오는데, 귀한 발걸음을 해주신 손님에 대한 감사의 마음과 따뜻한 정이 담겨 있다. 성게가 구하기 힘든 식재료이다보니 국에 성게알이 얼마나 많이 들어갔느냐가 손님을 대접하는 주인의 인심을 판단하는 척도가 되기도 한다. 성게알이 넉넉히 들어가면 고소함부터가 다르니 행여나 인심이 부족하다는 소리를 들을까봐 형편이 허락하는 한 성게알을 한술이라도 더 넣으려는 것이 제주 사람들의 인심이다.

예전에는 성게 미역국이 특별한 날에만 먹는 별미였으나 이제는 언제든지 먹을 수 있는 제주 향토 음식이다. 성게 미역국은 바다에서 난 미역과 성게만 넣고 여기에 국간장이나 소금으로만 간을 하여 완성한다. 고소하면서도 시원하고 녹진한 바다향이 전해지는 고급스러운 미역국이다.

조리법은 매우 간단하다. 물에 불린 미역을 적당한 길이로 썰어 넣고 물을 부어 부글부글 끓인다. 미역 맛이 우러나면 성게알을 넣고 5분 정도 더 끓인다. 마지막에 간장이나 소금으로 간을 맞추면 완성이다. 성게 본연의 맛을 돋우기 위해 참기름을 사용하지 않는 것을 추천하며, 성게 자체의 짠맛이 있으니 성게를 넣은 다음에 간을 맞추는 것이 좋다. 들어간 재료라곤 미역과 성게에 소금, 간장뿐이지만 성게와 미역의 만남은 절묘한 조합을 자랑하며 프리미엄 미역국으로 거듭난다.

성게 미역국 ⓒ안영실

바다의 진미, 성게

한국에서 언제부터 성게를 먹었는지 구체적인 연원을 밝히기는 쉽지 않다. 조선 후기 생물학자인 정약전의 저서 『자산어보玆山魚譜』에서는 성게를 '율구합栗毬蛤'으로 소개하며, 약재로서의 효능을 기록하고 있다. 이로써 적어도 조선 후기에는 성게가 약재로 사용되었음을 알 수 있으나, 이것이 요리에 이용되었다는 역사적 기록은 찾기 힘들다. 성게는 몸통이 온통 뾰족한 가시로 되어 있어 채취하기도 힘들지만 손질하기도 매우 번거롭다. 어렵게 손질한 성게알은 상온에서 금방 녹아 풀어져버리기 때문에 보관하기가 매우 어려웠다. 그래서 운송 수단과 냉장고가 없던 시절에는 성게를 식재료로 사용하지 않았던 것이다.

한국에서 성게를 고급 식재료로 취급하며 먹기 시작한 것은 대략 1980년대 이후 일본에 성게를 수출하면서부터다. 일본에서 성게는 최고급 식재료로 다루어지는데 에도시대부터 '일본 3대 진미'로 손꼽힐 정도로 귀한 음식이다. 일본에서는 성게를 스시의 재료로 사용하거나, 소금이나 간장을 살짝 뿌려 회처럼 날것으로 먹는 등 성게 본연의 맛을 그대로 즐기는 방식을 선호한다.

이에 반해 제주에서는 성게 미역국이나 성게 비빔밥 같은 성게 요리로 맛볼 수 있다. 요즘에는 성게를 재료로 넣는 파스타도 인기를 끌고 있다. 성게의 달콤하고 크리미한 맛이 파스타와 잘 어울리기 때문이다. 제주에서도 성게를 회처럼 날것으로 먹기도 하는데, 주로 미역이나 김에 싸서 간장과 겨자를 곁들인다.

제주 연안에서 많이 채취되는 성게는 보라성게와 말똥성게이며, 제주 해녀들은 소라 금채기인 6~8월에 주로 성게를 채취한다. 성게에서 우리가 식용으로 먹는 부분을 흔히 '성게알'이라고 말하는데 정확히는 '성게소'로, 성게의 알을 만드는 생식소에 해당된다. 성게가 산란을 하는 5월과 7월 사이에 성게소가 가장 많이 차 있고, 이때가 지나면 성게 속에 생식소가 얼마 없거나 비어 있는 경우가 많다. 제철을 맞은 제주산 성게는 국내에서 프리미엄 성게로 취급받으며 제주 해녀들의 자부심이 되어가고 있다.

성게회 ⓒ정민경

제주 해녀와 미역

해녀를 제주에서는 '줌녀潛女'라고 한다. 바다에 잠수하여 물질하는 여인들이라는 뜻이다. '잠녀'라는 용어는 이건이 1629년에 쓴 『제주풍토기』에 가장 먼저 등장한다. 『제주풍토기』에 따르면 잠녀는 주로 2월부터 5월까지 바다에 들어가 미역을 채취하는 일을 했는데 남녀가 섞여 일을 하며 부끄러워하지 않아 놀랍다고도 했다. 해녀들이 망사리 가득 미역을 채워 물위로 올라오면, 기다리던 남정네들이 다가가 무거운 망사리를 받아 들고 물 밖으로 날랐다. 당시 잠녀들은 작업복으로 속옷 모양의 '물소중이小中衣'를 입었다. 유교 규범이 최고의 도덕기준으로 남녀의 영역이 철저히 분리되었던 조선시대였으니, 변변한 옷차림도 갖추지 않은 남녀가 물가에서 함께 일하는 모습은 외지인에게 그야말로 놀라웠을 것이다. 척박한 섬에서 매일 바다에 뛰어들어 거친 파도와 맞서 살아남아야 했던 제주 사람들은 남녀가 내외하여 격식을 따질 여유 따위는 없었다. 삶의 터전인 바닷가에 남녀의 구분은 존재하지 않았다. 오로지 살기 위해 고단하게 몸을 부리는 일꾼만 있었을 뿐이다.

초기에는 미역을 채취하는 잠녀와 전복鮑을 채취하는 남성 포작鮑作의 일이 구분되어 있었다. 그러다가 전복을 따는 남성 포작인들이 고역을 견디지 못해 죽거나 육지로 도망가는 일들이 빈번해지자 17세기 후반에 이르러 여인들에게 포작의 의무가 부여되기 시작했다. 남성

망사리 가득 미역 채워
힘겹게 이동하는 해녀 ⓒ오명찬

포작인들도 힘들어했는데, 하물며 여자의 몸으로 그 일을 맡게 되었으니 제주 여인들의 삶이란 실로 고됐을 것이다. 오죽하면 '여자로 태어나느니 소로 태어나는 것이 낫다'는 제주 속담까지 있을까?

조선시대 잠녀의 일은 여섯 가지 고된 부역을 가리키는 '육고역' 중 하나로 꼽힌다. 조선 후기 문신 조관빈이 1731년에 쓴 『회헌집晦軒集』을 통해 당시 잠녀들의 처절했던 삶을 엿볼 수 있다. 부역의 수량을 채우지 못하면 부모는 쇠고랑을 차고, 남편은 매질을 당하며, 여인들의 태중 아기는 낙태되거나 병에 시달리기도 했다. 잠녀들은 계절을 가리지 않고 추운 겨울에도 바다에 몸을 던졌다. 물질할 때 입었던 물소중이는 아랫도리만 가리는 형태로 허리 위는 그대로 드러난다. 대략 1910년대부터 물소중이는 가슴과 몸통은 가리고 팔과 다리는 노출되는 짧은 원피스 형태로 모양이 바뀌었다. 해녀들은 추워지면 방한용으로 위에 무명이나 광목으로 만든 '물적삼'을 껴입었는데 1960년대까지도 물소중이와 물적삼을 입고 작업했다. 해녀

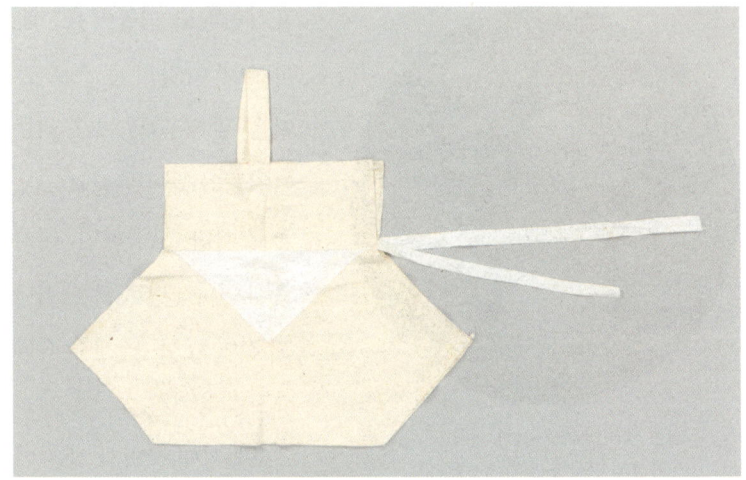

물소중이, 국립민속박물관 소장

들은 물소중이를 입고 테왁과 망사리, 빗창 또는 호미를 들고 바다에 들어갔다.

 제주목사 이형상의 『탐라순력도』〈병담범주屛潭泛舟〉는 최초로 해녀의 모습을 그림에 담은 역사자료이다. 〈병담범주〉를 보면 용두암 계곡인 취병담에서 뱃놀이가 한창이고, 거기서 조금 떨어진 '엉개낭'에서 물소중이만 입은 다섯 명의 잠녀들이 손에 낫이나 빗창을 들고 물질 중이다. 잠녀들은 뱃놀이 일행에게 바칠 해산물을 캐고 있었던 것이다. 당시 용연에서 열린 뱃놀이는 제주목사들의 부정기적인 연례행사였다. 그때마다 잠녀들은 물속으로 뛰어들어 해산물을 채취해 그들에게 바쳤다.

　조선시대에는 나라에서 미역에 대해서도 세금을 징수했는데, 이로 인해 제주 해녀들의 삶은 늘 고단하고 궁핍했다. 1886년 개항 이후에야 제주 해녀들의 노동은 그 경제적 가치를 인정받게 되고 미역은 환금작물로 자리잡는다. 그전까지만 해도 매일같이 바다에 뛰어들어도 먹고살기 힘들었던 해녀들은 물질로 집안 살림을 일으키고 지역사회를 살리고 나라까지 지키는 주체적인 삶의 주인으로 변해갔다. 살결을 드러내고 바다에서 일하는 여인네라며 천시받았던 해녀들의 지위도 크게 달라졌다. 제주에서도 양반들이 주로 모여 사는 지역을 양촌이라 불렀는데 이 양촌은 중산간의 좋은 땅에 위치했고, 농사를 지을 수 있어 비교적 부유하며 유교 문화의 영향이 강하게 남아 있는 마을이었다. 바로 이 양촌 남자들이 신붓감을 고르는 기준을 봐도 근대 이후 제주 해녀의 지위가 크게 변했음을 알 수 있다. 원래 양촌 남자들은 해촌 여자를 아내로 삼지 않으려 했다. 그러나 1900년대 초부터 경제의 중심이 해촌으로 옮겨지자 '무엇 때문에 산사람을 얻느냐, 바다에도 못 들어가는 여자를'이라는 사상이 양촌 남자에게 널리 퍼졌다.

　일제강점기에는 우뭇가사리와 미역 등 해조류가 화약 원료로 사용되며 해녀들이 수확한 미역이 큰 경제적 수익을 가져왔다. 미역은 바다에서 건져올리는 황금과도 같아졌다. 구한말 개항 이후에는 신식 기계 장비를 갖춘 일본 어선들이 한국 앞바다를 싹쓸이하자 해녀들이 더이상 제주 바다에서 물질하기가 어려워진다. 이에 해녀들은 타지역으로 원정 물질에 나서기도 했다. 타지역에 나가 물질하는 해녀를 출향出鄕 해녀라고 불렀는데 이들은 조선 팔도를 넘어 일본, 러시아, 중국에까지 가서 물질을 했다. 출향 해녀들은 값이 제일 비싼 미역 등 해조류를 주로 채취했으며 그녀들의 수입은 제주 경제 발전에 크게 이바지했다. 미역을 팔아 번 돈으로 가정에서는 집안을 부양했고, 지역사회에서는 자금을 기부하여 근대화 물결에 동참했다. 해녀들은 바다에서 채취한 미역을 팔아 마을의 공공시설을 정비하고, 학교를 세우며 척박한 이 땅에 희망의 바람을 불어넣었다.

제주 해녀들은 거친 바다와 맞서며 살아남기 위해 공동체적인 작업 방식을 형성하였다. 해녀마을의 바다는 해녀들의 공동 작업장으로 마을의 공동 자산이었다. 성산읍 온평리의 해녀들은 1950년대 화재로 학교 교실이 소실되자, 마을의 한쪽 바다를 '학교바당'으로 정해 거기에서 채취한 미역의 수익금을 전부 학교 재건에 사용하였다. 돈이 없어 학교에 가지 못한 학생들을 위해 장학금까지 마련하는 등 원래는 국가에서 해야 할 일들을 해내며 다음 세대를 위해, 지역사회를 위해 아낌없이 내어주었다. 그래서인지 제주에서 해녀마을이나 학교 운동장을 거닐다보면 해녀들의 공적을 기리는 기념비를 심심치 않게 만나 볼 수 있다.

제주 해녀가 역사 속에서 사라지지 않고 오늘날까지 이어진 이유는 미역이 있었기 때문이라고 해도 과언은 아니다. 제주에는 '애기짐광 메역짐은 베여도 안 내분다(아기짐과 미역짐은 무거워도 안 내버린다)' 는 말이 있다. 여성에게 아이는 세상 무엇보다도 소중한 존재이자, 목숨을 내놓고라도 지키고 싶은 책임과 같은 짐이다. 해녀들이 등에 진 미역도 그러하다. 가족과 지역과 나라를 지키기 위해 소중했을 테지만, 해녀들의 등을 짓누르는 미역의 무게는 그녀들의 힘든 삶의 무게이기도 했다.

악녀의 머리카락이 변한 신의 약

제주는 무속신앙이 매우 발달한 곳이다. 제주의 서사무가에 〈문전본풀이〉가 있는데 악녀인 노일제대 귀일의 딸이 등장한다. 그녀는 악행을 저지른 후 벌을 받아 죽고 시체가 갈기갈기 찢기는데 그 머리카락이 미역으로 변한다. 이렇게 제주의 무속에서 제주 바다의 미역은 벌받은 악녀의 머리카락이 변한 것으로 소개된다. 참으로 다행이 아닌가? 희대의 악녀 노일제대 귀일의 딸이 참회라도 하듯 제주 바다에 최상의 미역을 내어주었으니 말이다. 조선시대 왕실에 진상되는 미역은 다른 지역에서 보내는 것도 있었지만, 기록에는 제주 것이 좋다 하였다. 정약용의 『경세유표經世遺表』에서는 "제주에서 해곽(바다 미역)이 생산되고 나라 사람 중 절반이 그것을 받아 먹는다"고 하였다. 조선시

탕류

대 전국에서 먹는 미역의 반 이상은 제주 것이라는 말이다. 이토록 제주의 바다는 제주인에게 풍성하고도 질 좋은 미역을 아낌없이 내어주었다.

조선 후기 실학자 이익은 『성호사설』에서 미역국이 임산부에게는 신선의 약만큼 좋은 음식이라고 하였으니, 제주 미역은 악녀의 머리카락이 변한 신선의 약이라 할 수 있겠다.

우리 조상들은 과연 언제부터 '신선의 약'과도 같은 미역을 산모에게 먹였을까? 산모에게 미역국을 먹게 한 우리 조상들의 지혜를 고래에게서 배웠다고 하면 믿겨지는가? 당나라 때 편찬된 백과사전 격인 『초학기初學記』에는 "고려인들은 고래가 새끼를 낳은 뒤 미역을 먹고 산후의 상처가 낫는 것을 보고 산모에게 미역을 먹이기 시작했다"는 내용이 나온다. 『조선왕조실록』을 비롯한 많은 역사 문헌에서 동해는 '고래 바다'를 의미하는 '경해鯨海'로 기록돼 있어 우리 조상들은 예로부터 고래를 쉽게 접했을 것임을 알 수 있다. 바닷속 포유동물인 고래가 출산 후 대량의 미역을 섭취하는 모습을 자주 목격하면서 우리 조상들은 미역의 효능을 자연스레 깨닫고 산모에게 먹인 것이다. 미역이 산모의 어혈 배출뿐 아니라 자궁 수축과 모유 생성을 도와준다는 것은 과학적으로 입증된 사실이다. 그것을 알게 된 고래의 지혜와 그러한 지혜를 고래로부터 겸허히 받아들인 우리 조상들의 삶의 지혜에 경의를 표하지 않을 수 없다.

한국인의 소울푸드 미역국

한국인에게 미역은 태중에서부터 무덤에 이르기까지 인생의 모든 여정을 함께하는 특별한 음식이다. 예전부터 아이를 낳을 임산부가 있는 집에서는 미역부터 준비했다. 산모용 미역은 길고 곱게 말린 것을 장만하며 살 때는 보통 값을 깎지 않았다. 산모가 먹을 미역을 싸줄 때는 꺾지 않고 새끼줄로 묶었다. 미역을 꺾어서 주면 그 미역을 먹을 임부가 아이를 낳을 때 난산한다는 속설이 있기 때문이다. 드디어 아이가 태어나면 임신과 출산을 관장하는 여신인 삼신할망에게 미역을 바치고 그것으로 미역국을 끓여 산모에게 주었다. 이때 산모가 먹는 미역국을 '첫국밥'이라고 했다.

제주에서는 출산을 하면 삼신할망에게 상을 차리는데 출산 당일과 출산 후 사흘째 되는 날, 그리고 이레째 되는 날 세 번을 차린다. 상에는 간단히 밥 한 그릇, 미역 반찬 한 접시 내지 세 접시, 찬물 한 그릇, 쌀, 무명실 등을 올렸다. 아기가 아플 때도 산모와 아기가 눕는 방에 상을 차려놓았다. 그리고 오늘날에는 매년 생일이면 미역국을 먹는다. 한국인들은 생일날 케이크는 못 먹더라도 미역국을 못 먹으면 서운해하기도 하고 아쉬워하기도 한다. 이는 미역국이 단순히 배를 채우고 몸을 따스하게 덥히는 음식이라는 차원을 넘어 어머니와 가족의 따뜻한 사랑과 정을 상징하기 때문이다. 한국인들은 사는 내내 매년 돌아오는 생일에 미역국을 먹으며 주변의 사랑과 온정을 확인한다. 그리고 우리는 무덤에 가서도 미역국을 맛보게 된다. 특히 제주에서는 제사상에 미역국을 올리는데, 옥돔 미역국이나 쇠고기 미역국을 가장 많이 올린다. 성게 미역국은 제사 때보다는 잔치나 상 등 집안 대소사가 있을 때 손님을 대접하기 위해 내놓는 귀한 음식이다. 이처럼 제주 사람들에게 성게 미역국은 좀더 특별한 날, 마음을 전하는 소울 푸드다.

안영실 ♦ 제주대학교 중어중문학과 강의교수

면류

고기국수

수많은 제주 음식을 제친, 역전의 명수

누런 육수의 정체

돼지 사골을 푹 끓인 뽀얀 육수에 면을 삶아 넣고 그 위에 두툼하고 베지근한 맛이 일품인 돼지 수육을 올린 고기국수는, 제주를 찾는 관광객이 제주에서 먹고 싶은 음식으로 늘 꼽는 메뉴다. 아니나다를까 고기국수는 2013년 자리물회, 한치물회, 갈칫국, 성게국, 빙떡, 옥돔구이와 함께 제주 7대 향토 음식으로 선정되었다. 대접에 육수를 붓고 면발을 말아 넣은 후 돼지 수육을 올려놓은 담음새는 제주의 어느 국숫집에 가더라도 비슷하다. 하지만 육수 색과 면발 위에 올라가는 고명은 식당마다 조금씩 다르다.

7대 향토 음식이라는 이름이 무색하게도 제주 사람들이 집에서 고기국수를 끓여먹는 일은 거의 없다. 과거에 제주 여성들은 일터에서 하루를 시작하고 일터에서 하루를 마감하는 고된 노동에 시달렸다. 오랜 시간 정지(부엌)에 앉아서 사골을 끓이고 지켜볼 여유는 눈곱만큼도 없었다. 간혹 집에서 고기국수를 만들어 먹어도 돼지 사골이 아닌 돼지고기를 삶아 만든 육수를 사용했다. 돼지고기를 삶아 만든 육수는 돼지 사골로 만든 육수와 비교했을 때 색이 투명하고 맑다. 돼지고기를 삶을 때 잡내를 제거하기 위해 된장을 넣는데 이 된장 덕에 다소 심심해질 수 있는 육수의 간이 적절해지고 음식에 감칠맛이 돈다. 제주시 신제주에 위치한 '낭푼밥상'에 가면 돼지고기로 육수를 내어 만든 전통식 고기국수를 만나볼 수 있다. 육수 색이 일본의 미소라멘과 같이 누런색을 띠는데 그 이유가 바로 된장에 있다. 음식과 함께 제공되는 된장국에서 옅은 돼지 육수 맛이 느껴져 주인에게 물으니 역시나 돼지고기를 삶은 육수로 만든 된장국이란다. 그냥 겉으로 보기에는 일본 가정식 식당에서 주는, 파 고명을 올린 된장국과 다를 것이 없어 보인다.

 1990년대에 들어서면서 돼지고기가 아닌 돼지 사골을 우려 육수를 만든다. 그때부터 지금까지 거의 모든 고기국숫집에서 잡뼈와 등뼈 등 사골을 돼지고기와 함께 삶아 진하고 뽀얀 육수를 만들어 사용한 것으로 보인다. 식당에 따라서 돼지고기 삶은 육수와 사골을 끓인 육수를 적절히 배합해 나름의 맛을 창조해내기도 한다.

면류

'낭푼밥상' 고기국수 ⓒ이하영   돼지 사골 육수로 만든 고기국수 ⓒ이하영

고명에도 나름의 사연이 있다

고기국수의 고명으로는 파, 당근, 고춧가루, 깻가루, 김가루, 배추, 콩나물이 쓰인다. 주인의 취향에 따라 이 일곱 가지 고명 중 몇 가지를 선택해서 국수에 올린다. 혹시 제주에 와서 고기국숫집에 갔는데 고명으로 당근이 올라와 있다면 주인에게 "혹시 고향이 제주 동쪽이세요?"라고 물어봐주기를 바란다. 제주의 땅이 매우 척박하다는 사실은 모두가 알지만 제주 안에서도 지역에 따라 좀더 살 만한 곳과 좀더 모진 곳으로 나뉜다. 제주 동쪽은 땅의 수분이 적고 만지면 매우 푸석푸석해 농사짓기 매우 힘든 지역이다. 그래서 이 지역은 안 그래도 농사짓기 어려운 제주에서도 유독 혹독한 지역으로 꼽힌다. 제주 사람들은 '제주 동쪽'이라는 말을 들으면 종종 '동쪽 여자 앉은 데는 풀도 나지 않는다'라는 말을 함께 떠올릴 정도다. 그만큼 동쪽 출신 여성은 억

척스럽고 독한 구석이 있음을 표현하는 말이다. 이들이 이렇게 억척스러울 수밖에 없었던 이유가 바로 토양의 성질 때문이다. 이 지역에서는 근채류를 주로 재배해왔는데 그중에서도 당근이 매우 유명하다. 이러한 환경적 요인으로 인해 동쪽 사람들은 고기국수에 주로 당근을 고명으로 올려 먹고는 했다.

반면 제주의 서쪽 지역은 그나마 제주에서 농사라는 것을 지을 만한 곳이다. 양배추, 브로콜리와 같은 양채류나 양파, 감자, 마늘이 주요 농산물인데, 과거 이 지역에서는 배추, 대파, 콩나물을 고명으로 올리고 귀한 달걀로 달걀물을 만들어 줄알을 쳐서 고기국수를 만들었다.

일제의 수탈에서 시작되다

배움 없는 우리 해녀 가는 곳마다 저놈들의 착취기관 설치해놓고
우리들의 피와 땀을 착취하도다. 가엾은 우리 해녀 어디로 갈까?

―〈해녀의 노래〉(강관순 작사) 중에서

제주 우도 출신 강관순 지사는 물질하는 해녀였다. 일제강점기 일본은 해녀를 앞세워 제주 바다를 빼앗아갔다. 제주 해녀 항일 운동에 참여했던 그녀는 결국 감옥에 갇혀 삶의 터전을 잃고 주권마저 빼앗

면류

긴 괴로움을 노래로 승화했다. 당시 일본은 유무형을 따지지 않고 한반도의 모든 것을 빼앗아갔는데 해녀들이 잡아온 온갖 해산물도 이를 피해 갈 수 없었다. 늘 먹거리 부족에 시달렸던 제주 사람들은 목숨 걸고 물질하러 간 어머니, 누이가 가져온 바다 먹거리마저 먹을 수 없게 된 것이다. 이때 일본인들은 제주 바다에서 나는 톳, 우뭇가사리, 모자반 등 해조류를 모두 수탈해갔다. 모자반은 제주 잔치에 빠질 수 없는 요리인 몸국을 끓일 때 쓰이는 중요한 재료다. 일제의 수탈로 인해 잔치에 쓸 모자반이 없어 몸국을 못 끓이게 되자 제주 사람들은 모자반을 대신해 건면을 돼지 육수에 넣어 먹기 시작했다. 고기국수의 역사는 이렇게 시작되었다.

1945년 해방 후 일본의 착취도 끝이 보이기 시작했다. 1920년대 일제의 수탈 때문에 고기국수를 만들어 먹기는 했지만 교통·통신·사회적 네트워크가 지금처럼 발달하지 않았던 당시, 30년이 채 되지 않는 시간 동안 한 음식이 제주 전도로 확산되기란 쉬운 일이 아니었다. 해방 이후 제주 사람들은 돼지고기 육수에 모자반을 넣어, 비로소 진정한 제주의 음식을 맛볼 수 있어 여느 때보다도 즐거운 잔치를 즐겼다. 반면 고기국수는 사람들의 기억 저편으로 점점 사라져갔다. 그리고 60여 년이 지난 오늘날 고기국수는 제주에 오면 꼭 먹어야 할 대표 향토 음식으로 다시 자리잡게 된다.

국수와 수제비 사이

제주의 전통 국수는 고기국수와는 사뭇 다른 모습이다. 한반도에서 밀가루 식용에 대한 기록은 고려시대까지 거슬러올라가지만 조선시대에도 밀가루는 매우 귀한 식재료였다. 당시 밀가루를 '진眞가루'라 불렀는데 이 사실만 보더라도 밀가루가 얼마나 귀했는지 짐작할 만하다. 조선시대에 가장 대중적인 국수는 메밀로 만든 국수로 제주 사람들도 메밀국수를 주로 먹었다. 그러나 제주에서는 국수 면발을 뽑는 도구인 '압출식 국수틀'이 발견된 바 없다. 압출식 국수틀은 반죽을 반죽통에 넣고 위에서 눌러 바닥에 뚫려 있는 구멍으로 면발을 뽑아내는, 지렛대의 원리를 이용한 도구다. 지금이야 전기를 동력으로 쓰지만 사람이 직접 눌러 도구를 작동시키던 때만 해도 장정들이 온 힘을 다해야만 국숫가락을 만들어낼 수 있었다. 밀가루처럼 점성이 있는 곡물은 국수틀 없이 수타로도 면발을 만들 수 있지만, 메밀처럼 점성이 없는 곡물은 국수틀 없이는 긴 면발을 만들기 어렵다.

제주 사람들이 즐기던 국수는 칼국과 조베기(조베기)다. 국수의 재료는 말할 것도 없이 메밀, 보리, 콩 등 점성이 없는 밭작물들이다. 칼국은 메밀을 미지근한 물로 익반죽하고 밀대로 밀어 반죽을 칼로 썰어서 육수에 익혀 먹는 음식이다. 우리가 아는 칼국수와 비슷하지만, 제주 칼국의 면은 칼국수 면보다 두 배 정도 굵고 그 길이는 매우 짧아 숟가락으로 떠먹고는 했다. 종종 조베기를 제주식 수제비라고 말하는

면류

데 국어사전에도 조베기가 '수제비'의 제주 사투리라고 풀이돼 있으니 조베기와 수제비가 다르다고 말할 수도 없는 노릇이다. 하지만 이 말을 믿고 뜨끈한 국물에 손으로 조물조물 빚어낸 꽃잎과 같은 음식을 상상하진 말아야 할 것이다.

조베기는 특별히 국수를 즐기기 위해서라기보다 그저 탄수화물을 섭취하기 위한 하나의 방식으로 이용된 것으로 보인다. 냄비에 물을 붓고 미역이나 잘게 썬 무를 넣은 후 소금만으로 간을 한다. 메밀가루를 찬물에 아주 질게 갠 후 물이 끓어오르면 숟가락으로 적당히 덜어서 반죽을 육수에 넣고 익힌다. 한 사람이 만들면 반죽의 양이야 크게 다르지 않겠지만, 물에 닿는 순간 '자유의지'를 얻은 반죽은 육수와 혼연일체가 되어 나름의 모양을 갖추어간다. 자고로 음식이란 미각은 말할 것도 없고 시각과 후각을 자극해야 할 텐데, 이런 기준을 적용한다면 조베기는 시각 점수 미달로 음식의 축에 못 들어갈 것이 분명하다. 지금도 제주에서는 출산한 산모에게 산후조리 음식으로 미역 조베기를 만들어주기도 한다. 조베기는 식량과 시간 부족에 늘 허덕였던 제주 사람들의 지혜가 돋보이는, 제주의 투박함이 그릇째 온전히 담겨 있는 제주다운 음식이다.

미역 조베기 ⓒ이하영

쌀을 먹을 수 없는 날, 무미일無米日

제주에서 가장 큰 상설시장인 동문시장에는 1947년부터 2018년까지 무려 70여 년 동안 쉼없이 돌아가던 '한성국수공장'이 있었다. 공장 주인의 부친이 지금으로부터 75년 전 부산에서 도매로 건면을 들여와 제주에서 소매 장사를 한 데서 시작됐다고 한다. 그러다 한국전쟁이 발발하고 부산과 제주를 오갈 수 없는 상황이 되자 작은 롤러 두 개를 설치해 수작업으로 국수를 뽑으며 공장을 운영했단다.

1960년대 정부의 혼분식 장려 정책으로 인해 이 공장의 롤러는 더 바쁘게 돌아갔다. 당시 우리나라 정부는 식량난을 해결하기 위해 혼분식 장려 정책을 내놓고 1969년부터 1977년까지 매주 수요일과 토요일을 무미일無米日로 지정해 쌀로 만든 음식을 판매하지 못하도록 했다. 정부의 혼분식 장려 정책은 급기야 학생들의 도시락까지도 간섭하기 시작했다. 학생이 도시락으로 백미밥을 가져오면 선생님께 혼나는 것은 물론이거니와 태도 점수를 감점당하고, 학부모는 학교를 방문해 각서까지 써야 했다.

정부에서는 노동자에게 노동에 대한 대가로 밀가루를 지급하기도 했다. 제주를 남북으로 가르는 아름다운 숲길 5·16도로. 차 두 대가 겨우 지나갈 정도로 좁은 길 양옆으로 한라산의 수목이 머리에 닿을 것같이 우거져 있다. 봄, 여름, 가을, 겨울 나름의 매력을 뿜어내는 5·16도로는 제주에서 평생을 살아온 사람조차도 감탄할 만큼 매력적인 곳이다. 일제강점기 임산물 운반을 위해 만들 당시에는 굽이굽이 좁은 아리랑 길이었는데 박정희 정부 때 '제주-서귀포 횡단도로'로 지정돼 탈바꿈됐다. 1962년 정부는 '제주-서귀포 횡단도로' 건설에 착수했고, 노동자들은 이때 노임으로 밀가루를 받았다. 귀하기로는 쌀밥을 대체할 만한 것이 없었던 당시 노동자들은 배급소에 가서 밀가루를 돈으로 바꿔 쌀을 구매하고는 했다. 배급소에서는 그렇게 들어온 밀가루를 다시 국수공장에 재판매했고 이때부터 밀가루 건면 공급량이 많아지면서, 제주에서도 국수가 점차 대중화되기 시작했다.

역전의 명수가 국수 장학생을 뽑기까지

공항과 그리 멀지 않은 제주시 원도심 한 곳에 '국수문화거리'가 있다. 2009년 지역 활성화를 위해 상인들이 직접 '국수문화거리회'를 구성하고 조성한 것이다. 국수가 그리 대단한 음식도 아닌데 국수문화거리까지 만드냐 싶기도 하겠지만 이 거리에 자리한 식당에 빠지지 않는 메뉴가 바로 '고기국수'다. 나 역시 2000년대 초반 대학 시절 친구와 함께 이 거리에 위치한 한 국숫집에 종종 가고는 했다. 이름만 들어도 자매가 운영하는 식당이구나 단번에 짐작되는 이 식당의 상호명은 '자매국수'다. 큰 철제 프레임 가운데 투명한 유리를 끼운 미닫이문을 열고 들어가면 정면에 주방 직원의 상반신이 보일 정도의 높이로 가림막이 세워져 있다. 가게 입구와 주방 사이에 있는 테이블은 고작 네다섯 개다. 이 식당에서 늘 먹던 메뉴는 고기국수, 반찬으로는 김치, 고추, 쌈장 그리고 생양파. 대학을 졸업하고 우연히 이 식당 앞을 지나가던 중 길게 줄 선 사람들을 보게 됐다. 한산한 식당에서 국수를 먹었던 기억만 있던 나에게는 어리둥절한 상황이었다.

국수거리가 조성되고 4년 뒤인 2013년, 제주를 찾은 관광객은 4년 전에 비해 두 배 가까이 증가했다. 국수거리에서 고기국수를 먹으려는 사람들의 줄도 갈수록 길어졌다. 이전까지 제주에 있는 국숫집 어디에서도 볼 수 없었던 광경이다. 두 자매가 운영하던 그 국숫집은 지금은 예전과 다른 자리에 있다. 10년 전 즈음, 본점 외 분점을 냈는데 최근 4~5년 사이 다시 두 지점을 합쳐서 공항 근처로 이전했다. 옛 기억을 더듬어볼까 하고 얼마 전 찾아간 '자매국수'는 내 기억 속 모습과는 전혀 딴판이었다. '조금 한산한 시간에 다녀와야지' 하고 마음먹고 영업이 막 시작할 무렵에 방문했지만 고기국수의 인기는 내 상상을 초월했다. 긴 줄을 기다려 겨우 자리를 잡고 고기국수를 주문했다. 아주 오랜만에 마주한 국수는 그 모습도 맛도 한결같았다.

'자매국수'는 도민과 관광객에게 받은 사랑을 변함없는 맛으로 보답할 뿐만 아니라 사회 환원에도 힘쓰고 있다. 2013년 제주대학교 축제 때 학생들을 지원한 것을 계기로 생활이 어려운 학생, 도움이 꼭 필요한 학생에게 장학금을 지급하기 시작했다. 그후 지금까지도 매년 제주대학교에 장학금을 기부해 '자매국수장학' 장학생을 선발하며 나눔을 실천하고 있다.

고기국수의 역사는 그리 길지 않다. 그럼에도 불구하고 수많은 제주 음식을 제치고 제주를 대표하는 음식이 된 고기국수는 '역전의 명수'임에 틀림없다. 제주의 환경이 제공하는 먹거리에 의존한 음식이 아닌 뼈아픈 역사에서 시작된 고기국수는 수많은 관광객의 사랑을 받으면서 제주만의 맛으로 급부상했다. 제주 사람들의 의지가 아닌 바람이 부는 대로 흘러가다 제주의 땅에 깊이 뿌리내린 고기국수는 사실 제주 사람에게는 다소 아이러니한 음식이라 해도 과언이 아니다.

이하영 ♦ 제주대학교 자유전공 계약교수

제주대학교에서 중국어 통역·번역 전공으로 석사학위를, 같은 대학교에서 중국어학을 전공으로 박사학위를 취득했다. 인지언어학을 기반으로 한자 의미를 연구하고 있다. 제주 고문서 탈초 및 번역에도 관심을 가지고 작업에 참여하고 있다. 논문으로는 「'春' '秋' 의미 분석을 통한 고대 계절 개념 고찰 – 원형이론의 범주화를 통해서」「프레임 의미론적 접근을 통한 '弄'의 의미항 분석」, 지은 책으로는 『제주 도순마을 고문서 해제집』(공저)이 있다.

보말칼국수

보말도 궤기여

춤고메기야 춤을 추라, 코 타져서 못 추키여
문닷게야 춤을 추라, 문 덧꺼져 못 추키여
춤보말아 춤을 추라, 춤양반이 춤 추느냐
수두리야 춤을 추라, 곡지 재와 못 추키여
구제기야 춤을 추라, 살이 재와 못 추키여
전복아 춤을 추라, 금릉 재왕 못 추키여

— 한국향토문화전자대전/한국학중앙연구원

한국향도문화전자대전 사이트에서 살필 수 있는 이 민요는 제주 해녀들이 물질하러 갈 때 '불턱'에 앉아 옷을 갈아입거나 물질을 준비하면서 부르던 〈보말 소리〉다. 바닷가에 둥글게 돌담을 쌓아 바람을 막는 곳을 불턱이라 부른다. 제주를 배경으로 한 드라마 〈폭싹 속았수다〉에서 해녀 할망들이 물질 후에 잡은 해산물을 나누고 수다를 떨던 곳이기도 하다. 이처럼 해녀들은 불턱에서 잠수복을 갈아입기도 하고 불을 지펴 언 몸을 녹이기도 하며 상의할 일이 있으면 의논도 한다.

〈보말 소리〉는 고된 바다에 들어가기 전, 바다에서 쉽게 보이는 바다 생물들에게 춤을 추라고 하면서 흥을 돋운다. 하지만 바다 생물들은 이 핑계 저 핑계를 대면서 춤을 못 추겠다고 한다. 문닷게(눈알고둥)에게 춤을 추라고 하니 문 닫혀서 못 추겠다고 하고, 참보말(고둥)에게 춤을 추라고 하니 내가 보말계의 진짜 양반인데 어떻게 춤을 추겠냐고 대꾸한다. 참고메기(개울타리고둥)에게 춤을 추라고 하니 코 터져서, 수두리(두드럭고둥)에게 춤을 추라고 하니 꼭지 때문에, 구제기(소라)에게 춤을 추라고 하니 살이 많아서 못 추겠단다. 어떤 때는 바다 생물의 명칭을 유희적으로, 어떤 때는 바다 생물의 모습을 본떠서 핑계를 댄다. 〈보말 소리〉에 나오는 참고메기, 문닷게, 참보말, 수두리는 모두 바다에서 나는 고둥 종류로 제주에서

제주 바닷가의 보말 ⓒ정민경

는 이를 보말이라고 부른다.

영등할망이 온다

　섬이라는 특성상 바다가 삶의 터전이었던 제주에는 바다를 다스리는 신이 존재한다. 제주 신화에는 할망이 많이 등장하는데, 유명한 할망 중 하나가 바로 영등할망이다. 영등할망은 음력 2월 1일에 한림읍 귀덕리로 들어왔다가 보름 동안 제주를 돌아다니며 바당밭과 땅밭에 씨앗을 뿌리고 2월 15일에 우도로 떠난다. 그래서 제주 사람들은 2월을 영등달이라고 부르고 2월에 찬바람이 불면 "영등할망이 온다"라고 한다.

　제주 사람들은 먹거리를 마련해준다는 의미로 '밭'이라는 단어를 써서 바다를 '바당밭', 땅은 '땅밭'이라고 부르며 둘을 구분지었다. 영등할망은 바다의 먹을 양식을 관장하기 때문에 제주에 들어와서는 전복씨, 소라씨, 미역씨, 우미(우뭇가사리)씨 등 생명의 씨앗을 뿌려준다. 바당밭에 씨를 다 뿌리고 나서는 다음해 수확을 위해 봄꽃 씨앗을 땅밭에 놓고 간다. 이렇듯 한 해 제주의 수확은 영등할망에 의해 좌지우지된다. 그래서 오늘날에도 초봄이 되면 제주에 오는 영등할망을 환영하는 영등신맞이굿을 한다. 굿을 할 때 무당이 점을 치면서 "전복씨 주머니를 잊어버리고 왔다" 하면 전복 흉년이 들고, "좁쌀씨를 가져왔

노라" 하면 좁쌀 풍년이 든다.

이처럼 제주의 바당밭과 땅밭을 가꾸어주는 영등할망도 씨를 뿌리다가 배가 고프면 바닷가 돌에 널려 있는 보말을 먹는다. 음력 2월이 되면 바닷가의 보말 속이 다 비는데 이것은 영등할망이 들어오면서 까먹었기 때문이다. 이처럼 보말은 제주도 바다에서 쉬이 구할 수 있는 양식이었다.

보재기, 전복을 따던 바다 사나이

전설에서는 영등할망이 아닌 영등하르방이 등장한다. 영등하르방도 제주에 들어올 때면 바닷가의 보말을 까먹는다. 옛날에 제주 바다에서 고기를 잡다가 큰 풍랑을 만나 표류하던 어부들이 있었다. 이 어부들은 바다를 표류하다가 사람을 잡아먹는 외눈박이 괴물들이 살던 섬에 도착한다. 외눈박이 괴물들은 어부들을 꽁꽁 묶어 가둬놓고는 영등하르방에게 지키도록 했다. 어부들이 가여웠던 영등하르방은 그들을 풀어주고는 집에 도착할 때까지 관세음보살을 외며 가라고 알려주었다. 어부들은 영등하르방이 시킨 대로 열심히 관세음보살을 외면서 가다가 집 근처인 비양도까지 오자 안심하고 외는 것을 잊어버렸다. 그러자 갑자기 외눈박이 괴물들이 나타나 다시 어부들을 붙잡아 자신들의 섬으로 끌고 가버렸다.

면류

한림읍 귀덕리 신화공원에 세워진 영등할망과 영등하르방
영등할망은 주머니를 차고 있다. ⓒ정민경

　　영등하르방은 다시 붙잡혀온 어부들을 보고 크게 꾸짖으며 이번에 풀어주면 집안 방문으로 들어갈 때까지 관세음보살을 외라고 했다. 어부들은 너무 감사해하며 어떻게 하면 이 은혜를 갚을지 영등하르방에게 물었다. 영등하르방이 대답했다. "나는 너희들을 살려 보낸 일로 외눈박이 괴물들의 손에 죽게 된다. 내가 제주에 가는 증거로 바닷가의 보말을 까서 먹으며 갈 것이니 보말 속이 비었거든 내 가는 줄 알고 제사를 지내거라." 이후로 제주에서는 음력 2월이 되면 보말 속이 다 비고 영등하르방이 온다고 하여 하르방을 위한 제사를 지내게 되었다.

전설 속에 나오는 어부들은 보재기들이다. 보재기란 원래 전복을 잡던 남자 포작인鮑作人을 일컫는다. 포작인 이외에도 『승정원일기』에는 '포작간鮑作干' '포작한鮑作漢', 『조선왕조실록』에는 '복작간鰒作干', 『지영록知瀛錄』에는 '포작', 『남환박물』에는 '포한鮑漢' 등으로 쓰인다. 여기에서 '포鮑'와 '복鰒'은 원래 전복이란 뜻으로, 즉 보재기는 전복을 잡던 바다 사나이를 말한다.

  사실 전복은 깊은 바다에 있었기 때문에 해녀들이 채취하기에는 어려움이 많았다. 그래서 해남海男인 보재기는 해녀들이 캐기 힘든 전복과 고기를 잡았다. 보재기는 해녀로 알려진 잠녀보다 역사에서 먼저 등장한다. 문헌에는 조선 전기인 성종 14년(1483)에 포작인이라는 말이 나타나며 잠녀는 조선 중후기에 와서 포작인의 아내 혹은 미역을 따는 여자들을 부르던 말로 등장한다. 제주에는 말을 키우는 목자牧子, 관청의 땅을 경작해주던 답한畓漢, 진상품을 한양으로 운반하는 선격船格, 감귤을 재배하던 과직果直, 미역을 캐던 잠녀, 전복을 잡는 포작이라는 여섯 가지 힘든 일(육고역)이 있었는데, 보재기는 바로 전복을 잡는 해남이었다. 조선 후기가 되면 보재기가 사공의 일을 돕는 선격이나 해군 역할까지 맡게 되면서 해상 사고를 당하기도 하고, 일이 너무나 과중한 나머지 육지로 도망가기도 했다. 이로 인해 보재기는 점차 그 자취를 감추게 되었고 전복 따는 일까지 해녀가 대신하게 되었다.

전복 대신 보말

제주의 진상품 중 전복은 상당히 인기 있는 품목이었다. 그도 그럴 것이 예나 지금이나 전복은 몸보신의 대명사처럼 쓰인다. 과거 제주에서는 몸이 약한 아이에게 전복을 통째로 삶아서는 실로 묶어 목걸이처럼 목에 걸어주고 먹게 했다. 아이들은 신나게 놀다가도 배가 고프면 목에 걸린 전복을 손으로 잡아 물어뜯곤 했다. 단백질 보충이 어려웠던 시절에 귀한 전복이 아이들의 몸을 보양해준다고 생각해 정성껏 먹였던 것이다. 하지만 요즘은 완도에서 전복 양식이 성공하면서 구하기가 쉬워져 제주의 자연산 전복은 점차 사람들에게 잊혔다.

최근 제주에서는 보말이 전복의 자리를 넘보고 있다. 보말은 양식이 아닌 자연산이기 때문이다. 특히 〈보말 소리〉에 나오는 수두리는 보말 중 가장 맛이 뛰어나 전복을 대신해 제주 음식에 많이 사용된다. 수두리보말을 간판으로 내건 보말 음식점이 따로 있을 정도다. 원뿔형에 분홍빛 껍데기를 지닌 수두리는 두드럭고둥의 제주 사투리다. 수두리라는 명칭에는 여러 가지 설이 있다. 수두락하다(많다)에서 연유한 말로, 한곳에 많이 모여 살기 때문에 이렇게 이름을 붙였다고도 하고, 수두리의 두리는 '둥근 것'이라는 의미로 바닥이 둥글어서 이렇게 부른다고도 한다.

이외에도 〈보말 소리〉에는 참고메기, 문닷게, 참보말 등도 등장한다. 고메기는 주로 보말을 서귀포 지역에서 부르는 제주 사투리로 개울타리고둥이나 남방울타리고둥을 지칭한다. 바닷가 경계가 되는 곳을 뜻하는 '곰'과 새끼라는 뜻의 '에기'가 합쳐져 만들어진 말로, 아마도 보말의 크기가 작아서 이렇게 부른 듯하다. 참고메기나 참보말의 '참'은 진짜라는 뜻과 함께 먹을 수 있다는 의미가 담겨 있다.

문닷게는 문데기, 돌보말, 쓴데기, 남뎅이보말 등으로 불리기도 하는데, 바로 눈알고둥이다. 문닷게의 '문'은 보말 입구에 눈알처럼 둥근 뚜껑이 있다는 뜻이고, 돌보말은 고둥의 모양이 돌처럼 단단하고 크기가 작아서 붙은 이름이다. 쓴데기는 보말의 맛이 쓰다는 데서 연유한 이름이고, 남뎅이보말은 보말의 표면과 내장 색깔이 남색을 띤다고 붙은 이름이다. 이외에도 제주 보말에는 먹보말, 가메기보말, 매옹이 등이 있는데, 이처럼 제주 보말은 그 종류가 다양하다.

보말은 전복처럼 주로 해조류를 먹고살며 파도의 영향을 적게 받는 바닷가에 서식한다. 썰물 때 바다에 가면 돌 틈에 다닥다닥 붙어 있는 보말을 쉽게 발견할 수 있어 손만 뻗으면 바로 채취할 정도다. 제주에는 '바릇잡이'라는 것이 있다. 바릇잡이란 얕은 바닷가에서 해산물을 채취하는 행위를 말한다. 바릇잡이를 통해 바닷가 돌밭에서 소라나 거북손, 게, 따개비, 보말 등을 잡을 수 있다. 과거와는 달리 바다가 각 마을의 해녀계에 속해 있기는 하지만, 바릇잡이를 여행 체험 상품으로 개발한 지역도 있으니 한번 경험해봐도 좋으리라.

보말을 잡았다면 전문가가 아닌 이상 보말의 종류를 구분하기 어려

면류

울 것이다. 하지만 '다른 보말과는 다르게 큰 눈알 같은 껍데기가 붙어 있다면 문닷게인가?' '표면이 남색을 띠면 남뎅이보말인가?' 하고 한 번 추측해볼 수는 있지 않을까.

보말도 궤기여

제주에서는 먹을 것이 없을 때 바다로 나가 먹을 것을 구했다. '가을 그르에 가도 엇은 양석 바당에 가민 싯나(가을 기루에 가도 없는 양식 바다에 가면 있다)' '친정이 가도 못 얻은 저냑가심 바당에 가민 언나(친정에 가도 못 얻은 저녁거리 바다에 가면 얻는다)' '쌀물날 바당은 친정보단 낫나(썰물 때 바다는 친정보다 낫다)'라는 제주 속담들은 모두 척박한 환경 속에서 궁핍하여 먹을거리가 없을 때 바다로 가면 양식을 얻을 수 있다는 말이다. 이때 바다로 가서 가장 흔히 구할 수 있는 단백질은 바로 보말과 깅이(게)였다.

'보말도 궤기여'라는 제주 속담은 보말도 단백질을 보충할 수 있는 고기라는 뜻이다. 하지만 보말을 삶아 그 알맹이를 빼내면 너무나도 적은 양의 살이 나오기 때문에, 보말은 고기라고 부르기에 다소 아쉬운 식재료였다. 예전에는 보말이 너무 흔해서 일부러 잡지도 않았고 조금 가져다가 삶아서 까먹는 간식거리에 불과했다. 음식으로는 간혹 간장에 조려 보말촐레(밑반찬)를 만들거나 보말국, 보말죽으로 먹었다. 그도 그럴 것이 물질과 농사일을 하느라 바쁜 제주 여자들이 조그만 보말을 삶아 일일이 알맹이를 꺼내어 음식을 만들기란 번거로우

깐 보말 ⓒ지은이네 밥상

면서 시간도 많이 걸리는 일이었기 때문이다.

보말로 요리를 하는 것이 얼마나 번거로우냐 하면 우선 바닷가로 나가 보말을 잡아서 집에 돌아온다. 보말의 종류는 상관하지 않고 보이는 대로 다양하게 잡아온다. 갓 잡아온 보말을 솥에 넣고 한꺼번에 삶는다. 모두 둘러앉아 한 손에 바늘이나 옷핀, 이쑤시개 같은 뾰족한 도구를 들고 삶은 보말의 살을 빼낸다. 바늘을 들고 잘 돌려야 보말 내장까지 온전하게 빠진다. 보말 빼는 기술이 없으면 앞부분만 찌르다 그나마 없는 살을 부스러뜨리기 일쑤이고, 잘못 빼내면 내장이 중간에 끊겨 작은 알맹이만 덜렁 나온다. 진득하게 자리에 앉아 보말을 까도 결국 한 솥에 가득했던 보말에서 나온 알맹이는 고작 밥그릇 하나 정도다. 그러니 절로 '보말도 꿰기여'라는 말이 나오는 것이다.

하지만 보말은 양에 관계없이 먹을 수 있는 살을 가진 고기에 속하므로 절대로 무시할 수는 없다. 서민들은 진상품인 전복은 먹을 수 없었기 때문에 비록 살이 적긴 했지만 보말을 많이 먹었다. 그러니 보말

면류

도 궤기인 셈이다.

보말과 칼국수의 만남

제주 사람들의 주린 배를 채워주던 서민의 양식인 보말이 지금은 칼국수와 만나 제주의 새로운 대표 음식으로 자리잡았다. 제주에서 자연산 전복이나 오분자기가 사라지면서 자연산 보말은 귀한 몸이 되었다. 예전에는 삶아서 먹다가 싫증나면 버릴 정도로 흔했는데 지금은 해녀들이 보말을 까서 식당에 팔기도 하고 그나마도 너무 많이 잡아서 없을 지경이란다. 신제주 보말칼국수 사장님과 얘기를 나누다 "수두리만 쓰세요?"라고 물어보니 요즘은 보말이 귀해져서 수두리와 먹보말을 함께 쓰신단다. 보말 육수가 진국이니 한 방울도 남기지 말고 먹으라는 당부도 덧붙이셨다.

보말칼국수를 만들 때에는 반드시 전복 음식을 할 때처럼 내장을 으깨어 국물을 내야 한다. 작은 보말을 일일이 살과 내장을 분리하기 어려우니 한꺼번에 손으로 으깨면서 분리하는 것이 좋다. 분리된 내장은 갈아서 육수로 쓰는데, 모래가 나올 수 있어 국물 요리를 할 때는 잘 걸러내야 한다. 요즘은 진한 국물을 내기 위해 전복의 게우와 함께 조리하고 보말전복칼국수라는 이름을 붙이기도 한다.

보말은 육질의 질감과 씹을 때의 식감이 독특한데다가 내장까지 으

보말칼국수 ⓒ정민경

깨서 속살과 함께 조리하면 그 맛과 영양가가 전복에 비해 손색이 없다. 특히 전복죽과 보말죽을 해놓고 구분해보라고 하면 쉬이 판별이 힘들 정도로 비슷하다. 그래서 자연산 보말이 전복을 대신하게 된 것이리라. 보말의 인기가 날로 높아져 최근에는 보말 중 제일 맛있다는 수두리보말이 양식에 성공했다는 소식까지 들려온다.

정민경 ◆ 제주대학교 중어중문학과 교수

중국사회과학원에서 중국문학을 전공하여 박사학위를 받았다. 현재 제주대학교 중어중문학과에서 교수로 재직중이다. 중국 소설과 필기를 틈틈이 읽고 있으며 중국과 제주의 문화 교류에도 관심이 많다. 함께 지은 책으로는 『옛이야기와 에듀테인먼트 콘텐츠』 『중화미각』 『중화명승』 등이 있고, 함께 옮긴 책으로는 『태평광기』 『우초신지』 『풍속통의』 『사치의 제국』 『해국도지』 『영환지략』 등이 있다.

간식류

빙빙 말아 먹는 웰빙 디저트

빙떡

간식류

제주의 대표 향토 음식으로 꼽힐 정도로 제주에선 유명하지만 맛본 자보다 맛보지 못한 자가 더 많고, 또 그 참맛을 제대로 느끼는 자도 드문 음식이 있다. 바로 '빙떡'이다. 빙떡을 먹고 "이걸 무슨 맛으로 먹지?"라고 한다면 아직 제라진(진정한) 제주 사람이라 할 수 없다. 빙떡은 메밀전병에 무채를 넣어 김밥처럼 돌돌 말아 먹는 음식이다. 메밀전병도 심심하고 무채도 삼삼해서 한입 베어 물면 밍밍한 맛밖에 나지 않는다. 그러나 씹으면 씹을수록 무즙의 달달함이 퍼져나오는데 이 맛을 느끼는 경지에 이르면 '아, 이 맛에 빙떡을 먹는구나!' 하게 될 것이다. 제주 입맛의 바로미터라 할 수 있는 빙떡에 돌돌 말린 맛을 풀어보자.

자청비 여신의 메밀꽃밭

빙떡이 제주를 대표하는 음식이라고 하지만 빙떡을 먹기 시작한 것은 그리 오래되지 않았다. 왜냐하면 빙떡의 주재료 중 하나인 메밀을 제주에서 재배한 지 얼마 되지 않았기 때문이다. 메밀의 원산지는 몽골의 바이칼호와 만주 일대로 알려져 있다. 고려시대 문헌인 『향약구급방鄕藥救急方』에 메밀이 처음 등장하고, 조선시대 문헌에 제주 토산물로 메밀이 기록된 것으로 보아 그즈음 제주에서 메밀을 본격적으로 재배한 것으로 보인다. 메밀이 어떤 경로로 제주에 들어왔는지는 정확하지 않지만, 외부에서 들어온 작물임은 제주 농경신 자청비 신화에서 엿볼 수 있다.

자식이 없어 걱정하던 부부가 불공을 드려 어렵게 늦둥이 딸을 낳으니 자청비였다. 자청비가 열다섯 살이 되던 해, 우연히 하늘나라에서 온 문도령을 만나게 되고 둘은 사랑에 빠진다. 그러나 얼마 지나지 않아 문도령은 옥황상제의 명으로 하늘나라로 돌아가게 되고, 자청비는 문도령을 만나기 위해 길을 떠난다. 온갖 우여곡

메밀 ⓒ송유준   껍질 벗긴 메밀 ⓒ송유준

간식류

절 끝에 마침내 문도령을 만나 결혼하게 되지만 행복도 잠시, 하늘나라에 난이 일어나 자청비와 문도령은 물론 옥황상제도 위험에 처하게 된다. 하지만 자청비의 지혜와 용기로 난은 진압되고 자청비는 그 공을 인정받아 옥황상제에게 오곡 씨앗을 선물받는다. 자청비가 선물로 받은 씨앗을 파종하려는 순간 종자 하나를 깜빡한 사실을 알아차린다. 바로 메밀씨였다. 다시 하늘나라에 가서 메밀씨를 갖고 오느라 파종 시기가 한참 지났음에도 불구하고 메밀은 다른 곡식들과 같이 수확할 정도로 빨리 자랐다.

옥황상제에게 메밀씨를 받아왔다는 설정을 토대로 메밀이 외부에서 들어온 작물임을 짐작할 수 있다. 그리고 메밀이 제주의 토종 작물인 양 잘 자랐다는 사실 또한 자청비 신화를 통해 알 수 있는데, 실제로도 메밀은 1년에 두 번이나 수확할 수 있으니 그 옛날 제주 사람들의 곯은 배를 채워주던 고맙디 고마운 구황작물이 아닐 수 없다.

메밀을 자청비 여신이 가져다주었으리라 믿는 만큼 메밀씨도 제주 사람들의 사랑을 받으며 곳곳에 널리 퍼졌고, 그만큼 메밀꽃밭도 여기저기 드넓게 펼쳐졌다. 진하고 노란 유채꽃밭이 제주의 푸른 바다와 선명한 대비를 이룬다면, 하얗고 포근한 분위기의 메밀꽃밭은 제주의 자연에 녹아드는 듯하다. 새로운 포토스폿으로 자리매김하고 있는 메밀꽃밭에서 인생 사진 한 컷 찍어봐야 되지 않겠는가. 메밀꽃 필 무렵, 전국 제일의 메밀 생산지 제주에서 자청비 여신이 뿌리고 간 메

송용한, 〈보롬왓(메밀밭)〉, oil on canvas, 53×72.7cm, 2018

밀꽃밭에 파묻혀보는 것은 어떨까.

메밀전병과 무의 컬래버, 빙떡

 빙떡은 메밀과 제주 우영팟(텃밭)의 터줏대감 무의 컬래버로 탄생한 음식이다. 논농사를 짓기 어려웠던 제주에서 메밀은 그나마 쉽게 섭취할 수 있는 곡식이었지만 메밀 특유의 찬 성질과 미량의 독성 물질 때문에 소화가 잘되지 않거나 배탈이 나는 경우가 있었다. 그런데 이를 상쇄시키는 역할을 한 것이 바로 우영팟에서 사시사철 구할 수 있었던 '무'였다.

간식류

긴긴 겨울 동안 제주 사람들은 메밀을 주식이나 다름없이 먹었지만 그 성질상 걸핏하면 속을 답답하게 했다. 이때 우영팟에 푸른 잎을 빼꼼 내민 월동무가 눈에 들어온 것은 우연인 듯 필연이지 않았을까. 한겨울의 추위도 아랑곳하지 않고 튼튼하게 자라는 월동무는 여느 집 우영팟에나 있었으며, 또 제주 월동무는 단맛을 자랑하니 심심한 메밀의 달짝지근한 양념으로도 손색이 없었다.

어디 그뿐이겠는가. 『동의보감』에서 무는 소화를 돕고 독을 풀어준다고 하니, 배고픔을 달래주는 메밀과 무는 그야말로 천생연분이 따로 없었다. 둘을 같이 먹으니 소화도 잘되고 맛도 있더라는 입소문이 퍼지고, 바당밭과 땅밭에 새참으로 내가기 좋게 무채를 메밀전병에 넣어 돌돌 말아 요리하면서 지금의 모습이 된 것은 아닐까. 김밥처럼 말아놓으니 손에 쥐고 먹기에도 좋고, 심심하고 삼삼한 맛은 물질하는 해녀들이 짠 입가를 헹구기에도 안성맞춤. 더욱이 겨울철 제주의 다디단 월동무로 만든 빙떡은 귤 따는 이의 허기를 채워주면서 추운 겨울 고된 노동을 잊게 하기 충분했을 것이다.

부조는 빙떡으로, 답례는 식게퇴물로

빙떡은 출출할 때 만들어 먹는 간식처럼 생겼지만 사실 명절이나 제사 때 우리집 조상님을 위해서, 그리고 이웃집 일손을 거들기 위해서 정성을 다해 만들던 특별식이었다.

땅밭에서 밭일하랴, 바당밭에서 물질하랴 바쁜 제주 사람의 삶에 하늘밭까지 있는지 제사는 꼬박꼬박 찾아왔다. 제사가 어찌나 많은지 제주에는 '병풍과 제사상 치울 시간이 없다'는 속담까지 있을 정도였는데, 이런 날을 위해 제주 사람들은 각종 접(계)에 가입하고, 수눌음(품앗이)으로 이웃과 친척의 바쁜 일손을 거들었다. 그래서 남의 집 제삿날도 잊지 않고 빙떡을 만들어 가져다주는 문화가 자리잡았다. 지금이야 돈으로 부조를 하지만 과거 제주에서는 빙떡으로도 부조를 했던 것이다.

제사상에 올리는 빙떡은 제사하는 집에서 만들고, 손님 대접용은 부조로 받은 빙떡으로 대신했다. 제사 전에 이웃들이 차반지(채롱) 가득 빙떡을 만들어가면, 차반지에 임자를 표시해서 제사상 왼쪽 아래에 진열했다가 손님들 입가심용으로 내놓았다. 이때 각 집에서 만들어온 빙떡 품평회가 저마다의 마음속에서 열렸기 때문에 남의 집 제사라고 해서 대충대충 만들 수는 없었다.

그리고 집에 돌아갈 때는 빙떡을 가져갔던 차반지에 식게퇴물(제사 후 남은 음식)을 받아서 가지고 왔다. 이 문화가 아직도 남아 제주에서는 부조를 하면 세제나 키친타월 등을 답례품으로 주거나 일정 금액이 담긴 상품권을 주기도 한다. 부조금을 대신 전달한 사람은 답례품이나 상품권을 받아 부조한 사람에게 전해주어야 그 역할이 끝나는

간식류

부조 빙떡 ⓒ이윤숙

식게퇴물 ⓒ송유준

데, 마찬가지로 빙떡을 대신 부조한 경우 부조를 부탁한 사람 몫의 식게퇴물까지 받아서 전해주었다.

빙떡에 대한 속설

빙떡은 뒤늦게 등장했지만 빠른 속도로 제주 사람들의 생활에 스며들어 제사상에도 올라가고, 제주 향토 음식 자리도 꿰찼다. 그래서 그런지 빙떡에 대한 속설도 적지 않다.

우선 빙떡의 이름에 대한 설이 여럿 있다. 메밀을 부칠 때 국자로 빙 둘러서 빙떡이 되었다는 설부터 빙빙 돌려 말아서, 동그란 모양의 철판인 빙철(번철)을 사용해서, 주로 겨울에 먹으니 얼음 빙氷 자를 따서,

떡을 의미하는 병餠 자에서 유래해서 등등으로 다양한데, 언어학자들은 마지막 설을 가장 유력하게 본다. 메밀의 종자와 함께 요리법과 명칭도 전해진 것으로 유추하기 때문이다. 병餠의 중국어 발음이 '빙bīng'이고 중국에서도 병餠은 둥글면서 얇고 편편하게 구워낸 떡을 지칭하는 말이니 꽤나 설득력이 있다.

다음으로 빙떡이 처음 어떻게 만들어졌는가에 대해서도 의견이 분분한데, 제주 사람들 사이에서는 원나라가 제주를 지배할 때 만들어 먹기 시작했으리라는 풍문이 떠돈다. 하지만 메밀전병에 소를 넣는 방식은 강원도 총떡(전병)과도 비슷하고, 기름에 지져서 만들기에 제주 사투리로 빙떡을 '정지'나 '전기' 등으로 부르기도 하니 전처럼 부쳐서 먹는 문화에서 시작되지 않았을까 추론해볼 수 있다.

빙떡에 대한 속설에 속시원하게 답을 할 수 없는 것은, 여느 제주 향토 음식처럼 빙떡에 관한 자료를 찾기가 쉽지 않아서이다. 그렇지만 분명한 사실은 외부에서 들어온 작물을 잘 키워내고 또 외부의 문화도 유연히 수용하고 활용한 결과, 빙떡이라는 요리가 탄생되었다는 점이다.

웰빙 디저트 빙떡

빙떡은 제주 오일시장, 동문시장, 보성시장, 서귀포 올레시장 등 전통시장에서 맛볼 수 있다. 조리하기 어렵지 않아 주문하면 즉석에서

빙떡 만들기 ⓒ이윤유

뚝딱 만들어주신다. 가격도 저렴해서 예닐곱 개를 집어 먹어도 만 원이 넘지 않는다. 선물이나 제사용으로 대량 주문할 수도 있고, 빙떡을 디저트로 곁들이는 찻집이나 커피숍도 있어 곳곳에서 맛볼 수 있다. 하지만 여름에는 무가 쉽게 상하므로 구입 즉시 먹는 게 좋다. 빙떡이 맛있으려면 일단 겨울이 되어야 한다. 월동무가 있어야 빙떡의 맛이 살아나기 때문이다. 그다음은 메밀전병의 두께가 그 맛을 좌우하는데, 아무리 제주 월동무가 들어갔다 하더라도 메밀전병이 두꺼우면 월동무의 단맛을 느낄 수 없다. 따라서 겨울철 제주에 방문하게 된다면 어느 집이 메밀전병을 얇게 만드는지 유심히 살펴보고 주문하는 게 좋다.

중국 약학서 『본초강목』에 따르면 메밀은 위를 튼튼하게 하고 정신을 맑게 하며 기력을 돋울 뿐만 아니라 오장의 찌꺼기도 없앤다고 한다. 그러니 메밀전병과 무의 컬래버는 간편식 아침 대용으로도, 늦은 밤 출출함을 달래줄 야식으로도 손색없는 웰빙 떡이라 할 수 있다.

제주 사람들의 곯은 배를 채워주면서 경조사를 함께하던 음식에서,

이제는 현대인의 입과 속을 헹궈주는 웰빙 디저트로 변신을 꾀하고 있는 빙떡. 제주 사투리 동요에 맞춰 한번 만들어보면 어떨까.

눔삐 줌질게 썰엉 숢앙(무를 잘게 썰어 삶아)
패마농이영 꿰ᄀ루 낭 섞엉(쪽파와 깻가루를 넣고 섞어)
ᄆᆞ멀 ᄀ루 풀엉 얄롭게 지정(메밀가루 풀어 얇게 지져)
그 우터레 낭 몰민 빙떡이주게(그 위에 놓고 말면 빙떡이지요)
아이고 빙떡 먹으래 옵써~(아이고, 빙떡 드시러 오세요~)

빙떡 노래
ⓒ2020 혼디 배우곡
혼디 쓰는 제주어 교육
장학자료집

고지영 ♦ 동국대학교 WISE 인문학연구소 전문연구원

오메기떡

모임떡, 행사떡, 답례떡…… 제주인의 정

가운데가 오물락(오목)해서 오메기

"반죽을 한줌 뚝~ 떼어그넹 동그랗게 만들고 가운데가 오물락하게 눌르라."

오메기떡은 제주에서 생산되는 곡식 중 제주 사람들이 '흐린조'라고 칭하는 '차조'를 사용한다. 우리가 평소 잡곡밥에 넣어서 먹는 황금빛 조는 '메조'라고 하며 찰기가 적고 알갱이가 굵은 편이다. 반면 오메기떡의 주재료로 사용되는 흐린조는 녹색 빛을 띠고 찰기가 있는 청차조다. 오메기떡은 이 청차조를 갈아 만든 가루에 따뜻한 물을 넣고 익반죽한 후 가운데가 오목한 보름달 모양으로 빚은 것이다. 이후 끓는 물에 삶은 오메기떡을 건져서 식힌 다음 주걱으로 으깨고 항아리에 담아 물과 누룩을 넣고 봉하면 오메기술이 된다.

  제주에서 떡은 주로 제사나 혼례, 생일 등에 많이 빚어 먹는다. 오메기떡은 원래 술을 빚기 위한 목적으로 만드는 술떡이라서 역사서에는 등장하지 않는다. 오메기술을 위한 떡을 빚을 때 삶아서 말랑말랑해진 반죽을 조금씩 떼어 배고픈 아이들의 입에 넣어준 것이 오메기떡의 시작이었다. 후에는 아예 술을 빚고 남은 반죽을 따로 간식으로 만들어 내놓았다. 떡이 갓 나오면 겉이 뜨겁고 찐득하니 서로 들러붙지 않도록 팥고물을 묻혀 별식으로 먹었던 것이다. 술떡은 본래 소금 간이 되어 있지 않아 맛이 없기 때문에 오메기떡은 단맛 나는 팥고물이나 콩고물, 엿을 묻혀 먹었다. 나중에는 오메기떡을 만들 때부터 따로 팥을 삶거나 볶은 콩가루를 함께 준비했다. 또 동짓날에 만든 엿기름으로 좁쌀엿을 만들어뒀다면, 정초에는 오메기떡에 좁쌀엿을 묻혀 먹는 걸 즐겼다.

  오메기떡의 '오메기'를 주재료인 차조의 제주 사투리라고 잘못 아는 경우가 흔하다. 하지만 오메기는 떡의 모양을 의미하는 제주 사투리로, 떡의 가운데가 오목하여 붙은 이름이다. 뜨거운 물에 잘 익도록 가운데를 오목하게 만든 것인데, 지역에 따라 도넛처럼 아예 가운데 구멍이 뚫리게 만들기도 했다.

간식류

혹시 '오물락' '옴팡'이라는 단어에서 떠오르는 이미지가 있는가? 제주 사람이라면 바로 떠올리는 이미지가 있다. 평평한 모양에서 어느 한 곳이 움푹 파인 모습이다. 오메기떡도 마찬가지로 가운데가 오목하거나 도넛 같은 생김새 때문에 '구멍떡'이라고도 불렸다. 제주에는 오물떡이란 이름을 가진 떡도 있다. 쌀가루를 이용해 송편 모양으로 만든 것인데 오물조물 빚는다 해서 오물떡이라고 했다. 오물떡과 비슷하지만 오물떡보다 조금 납작하게 눌러진 것이 조매떡이다. 조매떡은 아기가 손을 오므렸다 폈다 '좀매좀매(쥠쥠)' 하는 모양과 비슷하다 하여 좀매떡이라고도 한다. 제주에서는 물 따위에 갑자기 잠겨 사라지는 모양을 '오물락하다'고 하고, 음식물 따위가 목구멍으로 들어가는 소리나 모양을 '옴막'이라고 하여 '옴막(꿀꺽) 삼켜라'라고 한다. 또 가운데가 오목하거나 발이 빠질 만큼 깊게 파이면 '옴탕(옴팡)', 남몰래 욕심내어 먹으면 '옴짝', 아까운 것을 서둘러 삼키면 다시 끄집어낼 수 없음을 아쉬워하는 느낌은 '오물렉기'하다고 한다. 오메기떡의 오메기는 오물, 오물락, 옴막, 옴탕, 옴짝, 오물렉기 그 사이에서 생겨난 이름이다.

옛날식 오메기떡 ⓒ김민경

벽랑국 3공주의 오곡 종자, 차조

하루는 한라산에 올라 동쪽 바다를 바라보니 붉은 진흙으로 봉한 목함이 떠다니는 것을 발견하고 나가서 열어보니 그 속에는 또 석함과 붉은 띠에 자줏빛 옷을 입은 사자가 들어 있었다. 석함을 열어보니 말과 소, 오곡 종자 그리고 푸른 옷을 입은 세 공주가 있었다.

옛 문헌 『영주지瀛洲志』에 기록된 제주 삼성혈의 삼신인 고을나高乙那, 양을나良乙那, 부을나夫乙那와 혼인한 벽랑국 3공주와 관련된 설화 중 일부다. 수렵생활을 하던 제주에서 농경생활이 시작됐음을 알리는 설화인데, 여기에 나오는 오곡 종자가 정확히 무엇인지는 알 수 없다. 하지만 조선 중기 제주에 파견된 김상헌이 기록한 『남사록南槎錄』에서 '이 땅에서 산출하는 것은 밭벼, 기장, 피, 조, 대두, 콩, 메밀, 보리'라고 했으며, 제주목사 이익태가 1694년부터 1696년까지 기록한 『지영록』의 「일본인 표류기」에는 '너희 나라에서 농사를 중히 여긴다면 무슨 곡식을 심는가'라는 질문에 '콩, 팥, 기장, 조, 쌀, 보리 모두 있다'고 대답했다는 기록이 나온다. 또한 1704년에 이형상이 저술한 『남환박물』의 「밭을 기록하다」 중 흙이 검고 부풀어 기장, 피, 메벼, 차조, 콩, 보리, 메밀, 사탕수수 등을 심기에 적당하다는 내용이 있다. 이렇게 여러 문헌에 제주 작물로 빠지지 않고 언급된 것이 바로 '차조'였다. 차

간식류

조는 1970년대까지도 제주의 주곡이었던 작물이어서 벽랑국 3공주가 가져온 오곡 종자 중 하나라고 추측해볼 만하다.

차조는 제주의 척박한 땅에서도 잘 자라주었기 때문에 자연스럽게 제주의 주곡이 되었다. 「세종실록」151권에 제주의 밭과 논에 대하여 간전墾田, 즉 개간한 밭이 3977결이고, 논이 31결이라고 기록되어 있다. 즉 밭이 99퍼센트고 논은 1퍼센트에도 채 미치지 못했음을 알 수 있다. 1960년대에는 제주도 경지 면적의 삼분의 일이 조밭이었다고 하니 제주 음식 문화에서 차조가 차지하는 비중이 클 수밖에 없다.

차조는 제주 사람들과 떼려야 뗄 수 없는 존재였다. 땅은 척박했고, 백성들은 빈곤했다. 제주 사람들은 다른 곡식으로 지은 밥보다는 조밥과 조범벅을 많이 먹었고, 조로 떡과 술을 빚었다. 차조는 손님에게 대접하기엔 부끄러운 존재였지만 제주 사람들의 굶주린 배를 채워주는 고마운 존재이기도 했다. 가진 것이 적은 백성들은 이 차조마저 없으면 산열매와 해조류로 끼니를 대신할 수밖에 없었다. 조선 중기 제주도로 유배된 이건은 『제주풍토기』에 "섬에서 제일 괴로운 것은 조밥이요, 가장 두려운 것은

청차조 ⓒ김민경

뱀이요, 가장 슬픈 것은 파도 소리다"라고 남기기도 했다.

  과거에는 억지로 먹을 수밖에 없었지만 작은 알갱이 차조는 사실 어마어마한 효능을 품고 있다. 예로부터 차조는 죽이나 미음 형태로도 많이 섭취했는데 소화가 잘되어 아침식사로 제격이다. 그뿐만 아니라 차조에는 수면을 촉진하는 성분이 곡류 중 가장 많이 들어 있다. 옛날부터 제주 사람들은 잠이 잘 오지 않거나 신경이 예민할 때 좁쌀죽을 끓여 먹었고, 좁쌀 베개까지 만들어서 사용했다고 한다. 이런 차조야말로 분명히 벽랑국 3공주가 우리에게 가져온 선물일 것이다.

척박한 땅 위의 모임떡

"예전엔 소가 한 살에서 두 살 되는 해가 되면 소에 귀표를 하거나 낙인을 찍는데 이때 마을 사람들이 모여서 소신에게 소의 무사 안녕을 빌었단 말이야. 그때 오메기떡을 올렸었는데 끝나면 다 나누어 먹었지."

옛날부터 제주에 거주한 김대용 할아버지의 어린 시절 기억이다. 제주는 지형 특성상 벼농사를 짓기 힘들었고 모두가 먹고살기 어려웠다. 하지만 제주 사람들은 '영장밧듸 떡'이라는 말이 생길 정도로 나눠

간식류

주고 나눠 먹는 것을 주저하지 않았다. '영장밧듸 떡'이란 시체를 묻는 곳인 '영장밧(장지)'에 친족들이 부조로 해온 떡을 말한다. 제주에서는 그 떡을 고루 나눠 먹는 풍습이 있었는데 누구나 남의 눈치를 보지 않고 편히 먹을 수 있었다. 만일 그런 것을 못 얻어먹는다면 멍청하고 미련하다고 생각했다. 그래서 누가 제 몫을 가져가도 탓하지 않았다. 김대용 할아버지의 기억처럼 소가 한 살에서 두 살 되는 해, 소에 귀표를 하거나 개체 식별을 위한 낙인을 찍을 때 마을 사람들이 모였다. 이때 소신에게 소의 무사 안녕을 기원하면서 오메기떡과 함께 여러 음식을 올리고 이 또한 모두가 나눠 먹었다.

오메기떡을 특별히 나눠 먹었던 날도 있다. 제주에서는 정월 초하룻날부터 정월대보름까지를 '설맞이'라고 부른다. 이때 멥쌀가루로 만든 달 모양 달떡과 함께 오메기떡도 만들어 먹었다고 한다. 이는 오메기떡 겉에 묻힌 팥 때문인데, 팥이 빨간색이라서 도깨비와 귀신이 싫어한다는 이유로 이들을 쫓아내기 위해 오메기떡을 먹었던 것이다. 한국에서는 새 생명이 태어나면 백일잔치와 첫돌에 액막이 떡으로 수수경단이나 시루떡을 올리는데 이 또한 팥이 액운을 막아준다고 여기기 때문이다. 또 이사 후에 돌리는 팥시루떡도 집에 있는 귀신과 악한 기운이 사라지길 바라는 마음에서 이웃들과 나누어 먹는 것이다. 한국인이라면 누구나 한 번쯤 동짓날 팥죽을 먹어본 적이 있을 것이다. 동짓날은 안 좋은 것을 몰아낸다는 의미로 다같이 팥죽을 쑤어 먹는 날이다. 옛날에는 소똥과 팥죽을 대문과 마당에 뿌리기도 했는데, 이 또한 귀신과 안 좋은 기운을 내쫓기 위해서였다고 한다.

중국 고서 『형초세시기荊楚歲時記』에서 동지 팥죽과 관련된 이야기를 찾아볼 수 있다. 중국에 공공共工이라는 신이 재주 없는 아들을 두었는데 그 아들이 동짓날에 죽어서 전염병 귀신이 되었다. 그런데 그 아이가 살아 있을 때, 팥을 두려워했으므로 동짓날에 팥죽을 쑤어 물리쳤다고 한다. 그런데 여기서 주의해야 할 점이 있다. 동지에 해당하는 날이 음력으로 11월 1일~10일일 경우에는 '애동지'라 하는데 이때 팥죽을 먹으면 아이에게 안 좋은 일이 일어난다고 한다. 그래서 애동지일 때는 팥을 넣은 떡을 대신 먹고, 11월 11일 이후일 때는 '어른 동지'라 하여 팥죽을 먹는다고 한다. 제주에서는 팥이 들어가니 악귀를 쫓아내지 않을까 하는 마음으로 오메기떡을 나누어 먹었던 게 아닐까 싶다.

오메기떡은 술을 만드는 날이나 특별한 날에만 나누어 먹은 것은 아니었다. 옛날에는 음식 자체가 귀했고 간식도 변변치 않았다. 이때 배고픈 어린아이들이 친구 집에 다 함께 모여 맷돌로 차조를 갈아 오메기떡을 만들어 먹었다. 이로 인해 오메기떡은 '모임떡'이란 이름까지 얻었다. 오메기떡은 현재까지도 모임떡, 행사떡, 답례떡으로 인기가 많다. 제주에서 무속의례나 유교의례를 올릴 때는 쌀이나 메밀로 만든 떡이 사용된다. 그래서 차조를 이용한 오메기떡은 의례용보다 서로 나눠 먹는 별식으로 많이 쓰였다. 의례와는 상관없었기 때문에

간식류

당시 여건과 각자의 기호에 맞춰 팥고물, 콩고물, 엿을 묻히는 등 다양하게 먹을 수 있었다. 척박한 땅 위에 좁쌀 한 알도 나눠 먹었던 사람들의 정, 그리고 이를 상징하는 음식이 바로 오메기떡이 아닐까?

차조에서 찹쌀로의 변화, 오메기떡의 변신

"사실 지금 생각하면 오메기떡이 맛은 없었주게……"

이 말처럼 옛날 오메기떡은 달달한 간식과는 거리가 있어 소박하고 맛이 덜했다. 차조의 특성상 하루가 지나면 딱딱해져서 먹을 수가 없었다. 오메기떡은 현재는 모양이 동글동글하고 맛도 달달하게 변했지만 여전히 이름만큼은 오메기떡이다. 또 젊은이들 입맛에 맞춰서 찹쌀가루와 쑥을 섞어 만든 떡 안에 팥소 따위를 넣기도 한다. 찹쌀가루를 섞으면서 차조의 떫은맛과 나중에 딱딱하게 굳을 염려도 사라졌다. 차조가 들어가긴 하나 옛날에 비하면 약간 첨가하는 수준이다. 옛날 오메기떡은 진한 녹색을 띠는 청차조를 사용했는데, 이제는 차조 대신 찹쌀가루를 주재료로 쓰면서 쑥을 넣어 그 색과 맛을 더한다.

현대식 오메기떡 ⓒ수랏간 떡방

옛날 술떡이었던 오메기떡이 궁금하다면 성읍민속마을로 찾아가 보자. 제주도 무형문화재 3호 '성읍민속마을 오메기술'을 잇는 유일한 오메기술 기능보유자이자 대한민국 식품 명인이 이곳에 있다. 그곳에서 술떡으로의 옛 전통 오메기떡 만들기 체험을 해볼 수도 있고 오메기술도 직접 제조해 맛볼 수도 있다. 체험 과정중 옛 제주 사람들의 생활까지 직접 전해 듣고 나면 제주의 과거와 현재를 하루에 모두 경험할 수 있다.

이제 현대인의 입맛에 딱 맞게 변신한 오메기떡은 TV 프로그램에 많이 소개되고 있다. 그리고 어느새 제주를 찾는 젊은 관광객들 사이에서 감귤, 초콜릿과 함께 제주 여행 3대 기념 선물로 자리잡아, 제주 관광 산업에 도우미 역할을 톡톡히 하고 있다. 그리고 이 유명세에 맞게 변신은 계속되고 있다. 속에 귤·키위·바나나 등을 넣은 과일 오메기떡, 겉에 팥고

다양한 오메기떡(흑임자, 견과류, 콩고물 오메기떡)
ⓒ수랏간 떡방

간식류

물 대신 흑임자·콩고물·카스텔라·견과류를 묻힌 오메기떡, 녹차·한라봉·치즈·모카 등의 아이스크림을 넣은 아이스 찹쌀 오메기떡까지 등장했다. 골라 먹는 재미를 더한 오메기떡은 제주 사람들뿐 아니라 타지 사람들도 나눠 먹는 떡이 되고 있는 셈이다.

검붉은 팥이 동글동글하게 뭉쳐져 있는 오메기떡, 그 뽀송한 팥뭉치를 집게손으로 꼬집으면 찰떡이 늘어지고 그대로 한입 베어 물면 단팥의 달달함이 입안 가득 퍼진다. 씹으면 통통하고 부드러운 팥을 으스러뜨리는 재미까지 선사하니 오감이 절로 춤을 춘다. 옛날 먹을 것이 없던 시절 할머니들과 어머니들이 술을 빚고 남은 반죽을 자식과 손자를 위한 간식으로 만든 그 떡의 정성과 비교할 수 있으려나. 어쨌든 옛날의 맛, 현재의 맛 모두 먹는 이를 기쁘게 한다.

김민경 ◆ 제주대학교 중어중문학과 강의교수

지름떡

유년의 추억과 새로운 경험을 선사하는 별미

제주에는 특'별'한 떡이 있다. 이름하여 '지름떡'이다. 기름에 지져서 만든 지름떡은 쫄깃하고도 고소하며 한입 베어 물면 달콤하기까지 하다. 하늘의 '별' 모양을 닮아 '별떡'이라는 별칭도 얻은 지름떡. 어린 시절 제삿날이 다가오면 이 떡을 먹을 생각에 설레던 이도 있고, 다 같이 모여 지름떡을 만들며 웃음꽃을 피우던 순간을 기억하는 이도 있다. 이처럼 세대마다 지름떡에 대한 기억은 다르지만, 그 매력만큼은 누구에게나 특별한 것 같다.

맛도, 모양도 별난 '별'떡

힌쏠을 고루냉 반죽행 동글동글 빚어그내(힌쌀을 가루내서 반죽하
고 동글동글 빚어서)
별 모양으로 맨든 누름인디(별 모양으로 만든 누름이 있는데)
그걸로 눌렁 모냥 맹글엉(그걸로 눌러서 모양을 만들어)
경행 지름 솜빡 넣어그내(그렇게 해서 기름 많이 넣어서)
지름나물 지름으로 지졌주(유채나물 기름으로 부쳤거든)
경행 설탕 묻형 먹었주게(그렇게 해서 설탕 묻혀서 먹었지)
쫀득쫀득행 잘도 맛 좋아(쫀득쫀득해서 엄청 맛있어)

지름떡을 만들기 위해서는 하루 전날부터 준비를 해야 한다. 전날 밤, 잠자리에 들기 전에 찹쌀을 물에 푹 담가서 불린다. 아침이 되면 물기를 쫙 뺀 다음에 방앗간이나 떡집으로 가져가서 가루로 만들어달라고 한다. 이때 소금을 조금 넣어달라고 부탁하면 떡집 사장님이 알아서 척척 준비해준다.

조선 후기 이건이 쓴 『제주풍토기』에는, "논은 원래 없다. 그러므로 섬 지역에서 가장 귀한 것은 쌀이다"라고 기록되어 있다. 쌀이 귀한 제주에서 찹쌀가루로 지름떡을 만든다는 것은 보물 창고에서 금덩이를 꺼내는 듯한 특별한 사건이었을 터다. 이렇게 귀한 재료로 만든 지름

간식류

| 지름떡 익반죽하기 | 지름떡 반죽 밀기 | 별 모양 틀로 찍어내기 |

| 지름떡 굽기 | 완성된 지름떡 | ⓒ지현우 |

  떡은 그 자체로 특별한 대접을 받았다. 그러나 모든 가정에서 찹쌀을 항상 구할 수 있던 것은 아니었기에, 여건에 따라 메밀이나 조 같은 다른 곡물로 지름떡을 만들기도 했다.

  이제 찹쌀가루가 준비되었으니 본격적인 실력 발휘의 시간이다. 먼저 찹쌀가루를 뜨거운 물로 살짝 익히며 단단하게 익반죽하는데, 이때 물을 조금씩 부어가며 반죽의 점도를 맞추는 것이 핵심이다. 생각보다 물이 많이 들어가지 않으니, 조심스럽고 섬세한 손길이 필요하다. 이때 쫄깃한 식감을 완성하는 것은 오직 경험이 풍부한 사람만이

해낼 수 있는 일이다. 그래서 집안에서 가장 솜씨 좋은 분이 이 중요한 임무를 맡는데, 그분의 손맛에서 지름떡이 성공할지 말지 갈린다고 해도 과언이 아니다.

반죽을 동글동글하게 빚은 후, 별 모양의 틀로 꾹 눌러 모양을 만들어준다. 예전에는 이 별 모양 틀도 직접 만들어서 사용했다고 한다. 이제 준비된 떡을 유채기름을 충분히 두른 프라이팬에 지지면, 어느새 주방 가득 고소한 향이 퍼져나간다. 식용유가 없던 시절에는 볶지 않고 짠 유채기름을 사용했다고 한다. 유채기름으로 만든다고 특별히 맛있어지는 건 아니지만 떡이 노르스름해진다. 떡을 지질 때는 한 번만 뒤집어 익혀야지 여러 번 뒤집으면 안 된다. 이렇게 정성껏 만든 지름떡에 당시 귀했던 설탕을 솔솔 뿌리면, 고소하고 달콤하며 쫀득쫀득한 지름떡이 완성된다.

갓 만든 따끈따끈한 지름떡을 입에 넣으면, 쫀득한 식감과 함께 달콤함이 입안 가득 퍼지며 미소가 절로 지어진다. 시간이 지나 떡이 굳어졌을 경우, 프라이팬에 살짝 구워주면 마치 마법처럼 지름떡이 되살아나, 겉은 바삭하고 속은 쫄깃하게 즐길 수 있다. 이렇게 제삿날의 특별한 분위기를 더해준 이 지름떡은 모두가 한입이라도 더 먹고 싶어했던, 진정한 '별떡'이었다.

특'별'한 날, 특'별'한 지름

　제주의 봄을 떠올리면, 노란 유채꽃이 끝없이 펼쳐진 들판이 자연스레 생각난다. 유채가 언제부터 제주에 자리잡았는지는 명확하지 않지만, '지름나물'로도 불리는 유채는 제주의 역사와 문화가 담긴 다양한 이야기를 품고 있다.

　이병철의 『석주명 평전』을 보면 1940년대 초, 나비박사 석주명이 제주에서 연구하던 중, 김남운씨를 일본 교토대학에 보내 유채씨와 겨자씨를 가져오게 했다고 한다. 이 작은 씨앗들이 제주의 봄 풍경을 변화시켰다니 정말 놀라운 일이다. 또한 일제강점기 동안 제주에 거주하던 일본인들이 유채꽃을 심었다는 설도 있다. 그들이 고향의 모습을 재현하기 위해 유채꽃을 심었을 수도 있으며, 유채꽃이 그들에게는 고향의 향수를 달래주는 상징이었을지도 모른다. 1962년부터 기름 생산을 목적으로 유채를 대규모로 재배하면서 제주의 주요 작물로 자리잡았다. 이처럼 유채의 기원에 대한 다양한 설이 전해지지만, 1960년대부터 유채가 본격적으로 재배됐다는 사실만은 확실하다.

유채꽃밭 ©김승현

　오늘날에도 제주의 봄을 더

욱 특별하게 만들어주는 유채는 그 실용적인 가치도 상당하다. 유채는 맛있는 나물로 변신하고, 귀중한 기름으로도 만들어졌다. 유채기름은 당시 제주의 식탁에서 없어서는 안 될 필수품이었다. 이밖에도 유채꿀, 유채꽃술 등 다양한 용도로 사용되어왔다. 제주의 유채는 그야말로 자연이 선사한 보물이라 할 수 있다.

별처럼 빛나는 섬, 제주

비행기 창문 너머로 내려다보면, 제주는 바다 위에 떠 있는 별처럼 반짝인다. 이 섬은 별과 하늘에 대한 깊은 이야기를 간직한 곳으로, 과거 '별나라'라 불렸던 탐라왕국의 중심지였다.

한라산은 탐라 사람들에게 별과 대화를 나누는 신성한 장소였다. 그들은 한라산을 하늘과 땅을 연결하는 다리로, 백록담을 은하수를 담는 그릇으로 여겼다. 탐라 사람들은 별과 달을 보며 도시를 설계했으며, 도시 중심에는 북두칠성을 본뜬 '칠성대七星臺'라는 구조물이 있었다. 이는 탐라가 별과 하늘의 나라가 되려는 열망을 보여준다.

탐라의 전설은 고을나, 부을나, 양을나라는 삼신인으로부터 시작된다. 이들은 땅에서 솟아난 신비로운 존재들로, 벽랑국에서 온 3공주와 혼례를 올리고 제주에 정착했다고 한다. 이들이 활을 쏘아 정한 일도一徒, 이도二徒, 삼도三徒는 북두칠성을 본떠 세운 '칠성도대촌七星圖大村'

간식류

이라는 마을이 되었다고 한다.

탐라왕은 '성주星主'라 불렸는데, 이는 '별나라의 군주'라는 뜻이다. 여기서 '별'은 방향과 신앙의 중심이었다. 뿐만 아니라 탐라 사람들은 달의 주기를 중시했다. '달'은 농업과 자연의 순환으로 그들은 생활에 이를 반영했다.

탐라의 도성은 우주의 모형을 본떠 설계되었으며, 이는 제주에 남은 고대 유적과 민속 신앙에서 그 흔적을 찾을 수 있다. 오늘날 제주의 지명, 예를 들어 '칠성로', 그리고 '북극성을 바라보는 눈'이라는 의미를 지닌 '두목골' 등은 탐라의 별 문화가 현대까지 이어져 내려온다는 증거다.

탐라의 전설은 제주 서사 무가인 〈천지왕본풀이〉에도 반영되어 있다. 〈천지왕본풀이〉는 제주에서 연행되는 큰굿에서 가장 처음 등장하는 '초감제'에서 전해지며, '천지개벽'부터 '일월 조정'과 '인세 차지 경쟁' 등 세상의 질서가 잡혀가는 과정을 담은 이야기다.

옛날에는 해와 달이 각각 두 개씩 떠 있어, 낮에는 너무 더워 견디기 힘들고 밤에는 추위에 시달렸다. 이를 해결하기 위해 천지왕은 두 아들, 대별왕과 소별왕을 세상에 보내어 해와 달을 각각 하나씩 없애도록 한다. 그 결과, 세상에는 해와 달이 하나씩만 남아 자연의 균형을 찾게 된다. 이후, 이승과 저승을 누가 다스릴지를 두고 두 형제는 대결을 벌인다. 소별왕은 형 대별왕을 속여 이승을 차지하게 되지만, 이승을 다스릴 지혜와 어진 마음이 부족해 결국 혼돈에 빠진다. 이러한 별과 달에 대한 관념은 탐라 사람들의 우주관을 형성하는 데 중요한 역할을 한다.

떡에 담긴 우주의 비밀

제주의 제사상에서는 떡을 통해 우주를 상징하는 독특한 문화를 엿볼 수 있다. 각 떡은 땅, 밭, 해, 달, 구름, 그리고 북두칠성을 상징하며, 각각 우주의 한 부분을 나타낸다. 이 떡들은 접시에 차례로 쌓여 제주의 우주관을 표현한다. 이러한 떡 문화는 육지뿐만 아니라, 이웃나라 일본과 중국에서도 거의 찾아볼 수가 없다.

가장 아래에 놓이는 '제편(시루떡)'은 '땅'을 상징하고, 사각형 모양으로 만든 '은절미(메밀떡)'는 '밭'을 나타낸다. 두 개의 떡 조각을 겹쳐 찍어낸 '절변(절편)'은 '해'를 의미하며, 둥글게 만들어 반으로 접어낸 '솔변(반달떡)'은 '달'을 상징한다. 쪽파에 계란이나 밀가루로 만든 전은 '구름'을 표현하고, 쌀이나 찹

제사상에 차려진 우주를 담은 떡 ©양용진

간식류

쌀로 가장자리를 별 모양으로 찍어 만든 '지름떡'은 '별'을 의미한다.

이때 각 떡의 형태는 고대의 우주관을 반영한다. 시루떡 위에 얹힌 팥고물은 땅의 색과 형태를 띠고 있으며, 네모난 떡은 '하늘은 둥글고 땅은 네모나다'라는 천원지방天圓地方의 우주관을 담고 있다. 해와 달, 별은 모두 동그란 형태로 표현되지만, 해는 햇무리가 둘러싸고 있고, 달은 반달 모양, 별은 가장자리에 빛을 새기면서 각각 다른 상징을 나타낸다.

제주의 제사떡은 탐라시대부터 이어져온 천체와 관련된 제주인들의 우주관을 보여주는 소중한 별 문화다. 떡을 쌓을 때는 북두칠성을 상징하는 일곱 개의 별떡을 맨 위에 올리는데, 이는 '별이 먼저다'라는 〈천지왕본풀이〉의 의식을 반영한다. 이렇게 땅에서부터 하늘의 해와 달, 그리고 별을 순서대로 배치하여 우주를 형상화하는 의미를 담고 있다.

지상에서 다시 태어난 지름떡

제주의 명절과 제사상은 전통과 현대가 어우러진 독특한 모습을 보여준다. 한때 제사상의 주역이었던 전통 떡은 현대식 빵에게 자리를 내주고 있다. 농사 방식이 변하고 방앗간이 기계화되고, 생활방식이 현대화되면서 전통 떡의 입지가 점차 줄어들었다. 이제는 제사상에

떡 대신 빵을 올린 제사상 ©현제우

카스텔라나 롤케이크, 도넛, 심지어 크림빵, 초코파이까지 올라가는 시대다.

이러한 변화는 제주 사람들의 이동과 문화 교류에서 비롯된 결과로 보인다. 제주에서 일본으로 건너간 사람들이 그곳에서 새로운 문화와 음식을 접하고, 이를 제주로 가져와 제사상에 변화를 주었을 가능성이 크다. 조상에게 좋은 것, 새로운 것을 맛보이려는 마음은 제사상을 준비하는 사람들의 공통된 바람일 터다. 새로운 것을 받아들이고 조상에게 올리는 것은 그들에게 존경과 사랑을 표현하는 또다른 방식일 수도 있다.

지름떡은 여전히 제주에서 특별한 의미를 지닌 음식으로 남아 있

현대식으로 재탄생한 지름떡 ©윤재커피

다. 하늘의 '별'처럼 반짝이길 바라는 마음을 담고 있는 지름떡은 이제 제주의 식재료를 활용한 새로운 음식으로 자리매김하여 우리의 입맛을 사로잡고 있다.

지름떡은 누군가에게는 유년의 추억을, 또다른 누군가에게는 새로운 경험을 선사하는 메뉴로 여전히 사랑받고 있다. 어린 시절의 기억을 되살리려는 사람과 제주의 전통 맛을 찾는 사람 모두 이 특별한 떡의 매력에 빠져들고 있다.

한번 맛보면 누구나 매혹되는 별 모양의 특별한 지름떡. 제주에 오면 별처럼 빛나는 이 지름떡을 놓치지 마시길!

김서영 ♦ 제주대학교 인문과학연구소 특별연구원

당근케이크

제주에 뿌리내린 역동성

간식류

건강하고 달콤한 상생

최근 제주에서는 새로운 이주 문화가 주목받고 있다. 제주의 느리고 여유로운 삶과 자연 친화적 환경에 매료된 육지의 젊은 청년들이 속속 제주에 정착하고 있다. 창의적이고 개성 있는 사업을 꿈꾸는 청년 창업가, 일과 휴식을 조화롭게 즐길 수 있는 워케이션을 선택하는 디지털노마드, 물질 중심의 도시 생활에서 벗어나 자연과의 조화를 모색하는 사람, 그리고 자신만의 독특한 카페를 운영하려는 이들까지 다양한 목적과 꿈을 품은 사람들이 제주에 터전을 잡고 있다. 이들은 자신만의 감각과 방식으로 제주를 새롭게 해석하며, 젊고 역동적인 제주의 모습을 만들어가고 있다.

제주에 터전을 잡은 청년들이 많아짐에 따라, 새로운 음식 문화도 싹트고 있다. 제주의 대표 식재료를 다양한 방법으로 재해석하는 음식이 등장한 것이다. 그중 대표적인 것이 당근을 활용한 메뉴다. 전통적으로 한식에서는 요리의 색과 풍미를 돋우는 보조적인 식재료로 당근을 사용하는 경우가 많았다. 하지만 제주에 정착한 청년들은 제주 특산물인 구좌 당근을 주재료로 다채로운 음식들을 만들어냈다. 특히 구좌 당근을 듬뿍 넣어 만든 당근케이크는 건강을 중시하는 현대인의 입맛을 사로잡으며 큰 인기를 얻고 있다.

제주에는 구좌 당근을 사용하여 당근케이크를 만드는 곳이 많다.
크림치즈, 견과류와 어우러진 당근의 달콤하고 촉촉한 맛을 느낄 수 있다.
ⓒ소농로드

간식류

이제 '제주' 하면 떠오르는 디저트로 당근케이크가 빠지지 않는다. 제주의 산해진미를 맛보며 배가 꽉 찬 관광객들이 '디저트 배는 따로 있으니까' '당근이 들어간 케이크니까 괜찮아'라며 심리적으로 부담 없이 당근케이크를 먹는다. 게다가 비건 옵션으로 제공되는 당근케이크도 많아지면서 다양한 취향을 가진 소비자의 요구에도 부응하고 있다. 귀여운 당근 모양의 장식까지 더해진 당근케이크는 관광객들에게 제주를 기억시키는 특별한 음식으로 자리잡게 되었다. 이처럼 당근케이크는 제주의 자연 친화적이고 건강한 이미지와 잘 어우러져, 이제 제주를 대표하는 디저트로 우뚝 섰다.

제주로 이주한 청년들이 운영하는 카페들은 제주 특산물인 당근을 활용한 창의적이고 매력적인 메뉴로 큰 사랑을 받고 있다. 특히 구좌 지역에는 당근케이크를 주력 상품으로 내세운 카페들이 많다. 그 중 비자림 부근에 위치한 '소농로드'는 당근으로 만들어낸 다양한 음식을 선보이고 있다. 구좌 당근과 견과류가 풍성하게 들어간 '당근케이크'를 비롯해 당근을 올린 '자연주의 당근 커리' '구좌 당근밭 라떼', 제주산 레몬이 어우러진 '당근레몬샤베트' 등 독창적인 메뉴가 가득하다. 또한 이곳에서는 12월부터 다음해 2월까지 당근 수확 체험을 할 수 있다니, 비자림을 구경한 후 제주 당근으로 만든 독특한 음식을 맛보고 직접 수확까지 해보는 것은 어떨까? 제주의 당근 덕분에 당근케이크가 인기를 끌게 되었고, 그 덕분에 청년들은 제주에서 안정적으로 삶의 터전을 만들어가고 있으니, 이것이야말로 제주와 청년들이 함께 하는 건강하고 달콤한 상생이라 할 수 있을 것이다.

흑빛 대지와 따뜻한 햇살의 선물

오늘날 우리나라에서 당근이 가장 많이 나오는 곳은 어디일까? 바로 제주이다. 제주에서는 전국 당근 생산량의 60~70퍼센트를 생산한다. 특히 제주시 구좌읍은 제주 당근의 중심지로 손꼽힌다. 이곳은 전

제주 구좌 지역의 당근은 모양과 색이 선명하고 추운 겨울에 자라
달큰한 맛과 향이 뛰어나다. ©소농로드

간식류

국 당근 생산량의 약 50퍼센트가 재배되고 있어, '당근의 고향'이라 불러도 손색이 없다.

제주 당근은 단순히 생산량만 많은 게 아니라 품질 면에서도 높은 평가를 받고 있다. 제주 당근은 특유의 선명한 주황색과 단맛으로 유명하며, 농약 사용을 최소화한 친환경 재배로도 주목받고 있다. 구좌 지역의 농민들은 해풍이 스며든 토양에서 자란 당근이 다른 지역보다 더 아삭하고 달콤한 맛을 낸다고 자부한다. 그렇다면 제주는 어떻게 당근의 최대 생산지가 되었을까? 그 답은 제주의 독특한 기후와 토양 조건에 있다.

제주의 땅은 육지의 땅과 다르다. 사실 제주 땅은 자갈이 많아 경작하기 어렵다. 김정의 『제주풍토록』에 따르면, "제주의 경작지는 대부분 산밭과 자갈로 이루어져 있으며, 토심이 얕고 자갈이 많아 밭을 가는 일이 마치 바닷고기의 배가시를 발라내는 것처럼 어렵다"라고 기록되어 있다. 제주의 땅이 흙이 적고 자갈이 많아 경작하기 힘들다는 것이다. 임제 역시 『남명소승』에서 "온 섬이 자갈투성이고 한 조각의 풍성한 흙이라고는 없다"고 했고, 김상헌은 『남사록』에 "농기구가 매우 좁고 작아서 어린아이 장난감 같다. 그 까닭을 물으니, 흙이 두어 치 속에만 들어가도 다 바위와 돌이므로 깊이 들어갈 수 없다고 하였다"라고 적었다.

이처럼 일반적인 농사에는 적합하지 않은 제주의 토양이지만, 당근을 재배하기에는 안성맞춤이다. 제주의 땅 위를 덮고 있는 흙은 화산회토로 이루어진 '뜬땅'이다. 화산회토가 변하여 일반 토양에 가까워진 '된땅' 또는 '관땅'과는 달리, 유기물이 풍부하고 물 빠짐이 좋은 '뜬땅'은 뿌리채소인 당근을 키우는 데 적격이다. 특히 당근의 최대 생산지인 구좌 지역의 토양은 현무암 기원의 화산회와 다양한 유기물이 혼합된 흑색 화산회토로 이루어져 있다. 화산재의 입자가 오랜 시간을 거쳐 다공질의 까만 화산회토로 변한 것이다. 이 흙은 영양소가 풍부하고, 빗물을 잘 저장함과 동시에 물 빠짐이 좋다. 그리고 흙을 만져보면 부드럽다. 당근을 키우기에 구좌 지역의 뜬땅은 적격인 셈이다.

제주의 기후 또한 당근 재배에 이상적이다. 제주는 겨울철 최저 평균 기온이 영상으로 유지되어 한겨울에도 땅이 얼지 않는다. 제주 당근은 12월부터 3월까지 수확하는 월동 작물로, 차가운 지표면과 따뜻한 땅속 기온이 절묘한 조화를 이루는 환경에서 재배된다. 이 조건은 추위로 인해 잎으로 가야 할 영양분이 뿌리에 집중되게 만들어 단맛을 더하고 색이 선명해지도록 만든다. 또한 겨울철 재배는 병충해의 피해를 줄여 품질 높은 당근 생산을 가능하게 한다. 긴 일조량 역시 당근의 당도를 높이는 데 중요한 역할을 한다.

제주 당근은 이러한 자연환경 속에서 10~11월에 파종하여 이듬해 2월 말~3월 초에 수확한다. 월동 작형이 가능한 덕분에 육지에서 당근이 귀한 겨울철에도 제주는 푸른빛 당근밭과 주황빛 당근을 자랑한

간식류

송용한, 〈당근밭〉, oil on canvas, 31.8×40.9cm, 2022
푸른 당근밭에서 붉은색의 당근을 수확하는 사람들의 분주한 모습을 엿볼 수 있다.

다. 이러한 자연적 조건 덕분에 제주 당근은 색과 모양에서도 뛰어난 품질을 자랑하며, 그 맛 역시 최고로 손꼽힌다. 매년 겨울, 당근 수확철이 되면 구좌 지역에서는 당근 농가들은 물론이고 지역 주민들까지 당근밭으로 총출동한다. 당근을 수확하고 포장하는 사람들의 얼굴엔 웃음이 가득하고 움직임엔 활기가 넘친다.

이처럼 척박하지만 물 빠짐이 좋고 영양분이 풍부한 화산회토, 그리고 따뜻한 겨울 날씨와 긴 일조량이 어우러진 제주는 당근 재배를 위한 완벽한 조건을 갖춘 곳이라 할 수 있다. 척박한 땅에서 특별히 키울 만한 작물이 없었던 제주에서 당근은 흑빛 대지와 따뜻한 햇살이 만들어낸 선물이 아닐까?

비단길을 따라온 뿌리, 당근의 세계 여행기

당근의 역사는 매우 오래되었다. 원래 야생에서 자라던 당근은 지금 우리가 아는 모습과는 사뭇 달랐다. 하얗고 가느다란 뿌리를 가졌던 당근은 그 외형이 오늘날 인삼과 비슷했고 대부분 약용으로 사용되었다. 어쩌면 일본에서 당근을 '닌징(にんじん, 인삼)'이라 부르는 이유도 야생 당근의 특성에서 비롯된 것일지도 모른다. 사람들이 당근의 뿌리를 식용하기 시작한 곳은 약 1000년 전의 페르시아 지역이었다. 당시 당근은 모양도 길쭉했고 색깔도 보라색, 노란색, 검은색 등 다양했다. 이후 당근은 동서로 퍼져나갔다.

당근은 남북조시대 비단길을 통해 중국으로 전래되었다. 당근이 문헌에 처음 등장한 것은 송나라 때로, '서쪽에서 온 무(나복)'라는 뜻의 '호나복胡蘿葍'이라 불렸다. 송나라 때부터 명나라 때까지만 하더라도 중국의 당근은 순무와 비슷한 붉은색의 둥근 모양이었으며, 단맛이 없었다.

우리나라의 경우, 조선 중기 기록부터 당근이 등장한다. 처음에는 주로 사신의 신분으로 중국을 다녀온 사람들이 쓴 글에서 언급되었는

중국 청나라 시기 화가 운수평의 『사생책寫生册』 중 〈고추냉이靑介〉. 그림의 왼쪽은 고추냉이이고, 오른쪽 붉고 둥근 모양의 뿌리식물이 당근의 옛 모습이다. 대만 타이베이 고궁박물관 소장

데, '당근'이라는 이름도 이때부터 사용되었다. 당근이라는 이름의 유래에 대해서는 여러 설이 있는데, 그중 대표적인 설은 두 가지다. 하나는 단맛이 나는 뿌리라는 뜻에서 당근이라는 이름이 유래되었다는 설이다. '달다'라는 뜻을 가진 한자어 '당糖'을 사용하여 단 뿌리를 지칭한다는 것이다. 다른 하나는 중국에서 온 뿌리라는 뜻에서 '중국'을 포괄적으로 지칭하는 '당唐' 자를 사용했다는 설이다. 중국에서 도입된 물자에 '당' 자를 붙이는 사례가 많았던 점을 감안한다면, 당근唐根이라는 이름은 '중국에서 도입된 뿌리식물'을 의미하는 명칭으로 만들

어졌을 가능성이 크다.

조선 인조 시기 김육이 명나라 사행중 작성한 『조경일록朝京日錄』에서는 당근이 돼지고기, 쌀 등과 함께 외교적 선물로 사용되었음을 기록하고 있다. 당시 당근은 맛이 맵고 쓰기는 하였지만, 조천사를 통해 왕래하던 사신들에게 당근은 단순히 먹는 음식이 아니라 새로운 문화를 만나는 특별한 경험이었을 터이다. 이뿐만 아니다. 조선 숙종 때 화가 김창업은 『연행일기燕行日記』에 "호나복은 일명 당근인데 가장 흔하고, 당근은 빛깔이 붉어서 붉은 무 같다"라고 기록하였다. 당근의 옛 이름인 호나복은 오랑캐를 의미하는 호胡와 오늘날 무를 의미하는 나복이 합해져 만들어진 이름이다. 즉 다른 나라에서 전해 들어온 무라는 뜻인 셈이다. 1804년 이해응의 『계산기정薊山紀程』에서는 '중국에서 가장 많은 채소 중 하나로 호나복이라는 것이 있다'고 기록하면서 "호나복은 붉은 나복인데 맛이 몹시 맵다"고 평하였다. 이러한 기록들을 보자면 조선시대 우리나라 사신들이 맛본 호나복, 즉 당근은 오늘날 당근과는 그 맛도 모양도 상당히 달랐으리라 추측된다.

우리에게 익숙한 달콤한 맛과 주황빛을 띤 길쭉하고도 통통한 당근은 16세기 네덜란드에서 탄생했다. 네덜란드 농부들은 오렌지색 균주를 만들어내 당근을 주황색으로 개량하였다. 주황빛 옷으로 갈아입은 당근은 유럽을 넘어 아시아와 전 세계로 퍼져 오늘날과 같은 모습이 되었다.

당근이 우리나라에서 본격적으로 재배된 것은 비교적 최근의 일이다. 도입 시기와 경로는 명확하지 않으나 1907년에 외래 품종의 당근이 도입되었다는 기록이 있고, 1908년에 발간된 『대한협회회보大韓協會會報』에서는 오늘날 우리가 아는 당근의 재배법이 상세히 설명되었으며, 1909년에는 『대한흥학보大韓興學報』에 가축의 먹이로 당근을 활용한 사례가 소개되어 있다. 이후 당근은 조선 후기와 근대에 걸쳐 점차 대중화되었다.

근대에 들어서면서 당근은 점점 더 일상적인 식재료로 자리매김했다. 1916년 부안 전주 최씨 문중에서 작성된 제수 물품 목록에는 당근이 포함되어 있어, 제사상에도 당근이 사용되었음을 보여준다. 또한 비슷한 시기 부안 고부 이씨의 일기장에는 매일 장을 본 물품과 그 가격이 오늘날 가계부처럼 기록되어 있는데, 여기에 당근은 "10원"으로 적혀 있다. "파, 나물 50원"이라는 기록과 비교해볼 때, 당시 당근은 다른 채소에 비해 상대적으로 저렴한 가격으로 거래되었음을 알 수 있다. 이러한 기록을 통해 당근이 누구나 손쉽게 구매하고 소비할 수 있는 대중적인 작물로 자리잡았음을 짐작할 수 있다.

당근이 제주로 언제 전파되었고, 언제부터 본격적으로 재배되었는지에 대한 기록은 존재하지 않는다. 다만 당근이 제주와 육지를 오가는 사람들에 의해 전해지지 않았을까 추측해볼 뿐이다. 당근은 오랜 세월 동안 여러 대륙과 문화를 넘나들며 색과 모양, 그리고 맛까지 변화를 거듭했다. 수천 년 동안 여러 대륙과 문화를 거치며 변화와 발전을 거듭한 당근은 이제 제주에서 청년들의 손길과 만나 또 한번의 새로운 변화를 겪으며 새로운 역사를 써내려가고 있다.

이가영 ♦ 제주대학교 중어중문학과 교수
전남대학교 중어중문학과를 졸업하고 베이징사범대학교에서 중국현당대문학으로 석사학위와 박사학위를 취득했다. 현재 제주대학교 중어중문학과 교수로 재직중이다. 데이터를 통해 중국의 문학, 문화를 분석하는 연구를 하고 있다. 논문으로 「한국 언론의 중국 관련 이슈 분석 연구 – 코로나19 시기를 중심으로」 「클러스터링 기반 감정 흐름 분석을 통한 『허삼관 매혈기』 연구」 등이 있고, 함께 지은 책으로 『동북아해역과 전쟁』 『바다를 건넌 사람들』 『미중 갈등과 팬데믹 시대』 등이 있다.

음료 · 주류

보리개역

여름을 여는 맛

제주식 미숫가루, 보리개역

미숫가루는 '미시'와 '가루'가 결합해서 만들어진 단어다. 중국 연변에서는 설탕물이나 꿀물에 찹쌀, 멥쌀, 보리쌀 등을 볶아 만든 가루를 탄 음료를 '미시'라고 하는데, 국어사전에 등재된 '미수'와 '미식麋食'이 바로 '미시'와 같은 음료를 가리키는 것이다. 미숫가루는 '미시' '미수' '미식'을 만들기 위한 가루로 미싯가루에서 어음의 변화로 인해 미숫가루로 정착한 것으로 보인다. 지금도 일부 지역에서 미숫가루를 '미시까루' '미식까루'라고 부른다. 조선시대에는 미숫가루를 초麨, 구糗라고 했다. '초麨'라는 명칭에는 미숫가루의 제조 방식이 담겨 있다. 한자 초麨는 보리를 뜻하는 글자 맥麥과 양의 적음을 나타내는 소少로 구성된 글자다. 또 한자 중 '초'라는 음을 가진 '炒'는 '볶다'라는 뜻으로 불 화火와 적을 소少로 이루어졌는데, 미숫가루는 곡물을 볶아서 가루를 내어 만들기 때문에 '볶다'라는 의미의 한자 초炒와 같은 소리를 가지게 된 것이다. 또한 '구糗'는 쌀을 뜻하는 미米와 향기로움을 뜻하는 취臭가 결합한 것으로 미숫가루의 고소한 특징을 살려 만든 명칭이다. 많은 사람이 미숫가루는 곡물로만 만든다고 생각하지만 조선시대에는 연근, 토란, 살구, 대추, 능금, 측백나뭇잎 등 미숫가루의 재료가 꽤 다양했다. 제주에서도 예로부터 미숫가루를 먹어왔는데 제주에서는 미숫가루를 '개역'이라고 부른다. 개역은 식물성 재료인 보리, 콩, 조, 메밀 등으로 만든 것 외에 말뼈, 돼지뼈, 소뼈 등 동물성 재료로 만들어 민간 식이요법으로 쓰이는 것도 있었다. 그중 제주 사람들은 보리개역을 주로 섭취했다. 과거에는 겉보리로 보리개역을 만들었으며 일제강점기 이후에는 쌀보리로 만든 보리개역이 많아졌다.

  제주 식문화는 잡곡을 주식으로 하는데 그중 보리는 제주 사람들의 생명을 좌지우지하던 주요 식량이었다. 먹을거리가 턱없이 부족했던 제주에서 보리개역은 야외 일터에서 먹던 든든한 점심이자 여름을 맞이하는 귀한 간식이었다. 제주 속담에 '한 달에 개역 세 번 해 먹으면 집안이 망한다'라는 말이 있다. 안 그래도 먹을 것이 없던 땅에서 밥으로 해 먹어도 부족할 보리로 간식을 만드는 일을 사치라고 생각한 것이다. 그럼에도 불구하고 여름철 비가 오는 날이면 제주 여인들은 분

음료·주류

주하게 보리개역을 만들었다. 비가 오는 날에는 밭으로 나가 농사일을 할 수도 없고, 시원한 비가 보리 볶을 때의 더위를 날려주었기 때문이다. 이렇게 만든 보리개역은 가장 먼저 시부모님께 가져다드렸다. 그렇지 않으면 '개역 한 줌도 안 주는 며느리'라고 비난을 받아야 했다.

하늘이 내린 선물 '보리'

해마다 보리가 제대로 익지 않아, 그 모양이 마치 피와 같다. 논은 원래 없다.

이건이 1628년부터 8년간 제주에서 유배 생활을 하면서 기록한 『제주풍토기』에 나오는 내용이다. 척박한 제주 땅에 보리가 잘 자랐는지까지는 모르겠지만 분명 보리가 자라기는 자랐나보다. 곡물에 대한 기록은 분재기分財記나 명문明文에서도 찾아볼 수 있다. 분재기는 자손이나 가족에게 재산을 나누어줄 때 작성한 문서이며, 명문은 토지를 거래할 때 기록한 문서이다. 이 두 문서에는 피, 보리, 메밀 등이 파종된 밭이 증여되거나 거래되는 내용이 적혀 있고 여러 곡물 중 겉보리가 자주 등장한다. 예를 들어 "겉보리 10두를 파종할 면적의 밭을 ○○에게 매도한다" 같은 내용이다. 농사를 짓고 난 뒤 파종한 만큼 수확할 가능성이 적었을 뿐만 아니라 매년 수확되는 양도 일정치 않았기 때문에, 매도의 기준이 수확량이 아닌 파종량이 된 것이다. 1970년대 이전까지도 제주 사람들은 보리밥, 보리 혼식밥, 잡곡밥 등을 주식으로 먹었다. 보리는 과거 제주 사람들의 생명을 책임지던 곡물이었던 셈이다.

제주에서는 가을이 되면 돼지 거름, 모자반 거름을 마련해서 보리밭에 뿌렸다. 입춘 무렵에는 보리 농사의 풍흉을 확인하기 위해 보리뿌리점을 쳤다. 보리뿌리점은 제주뿐 아니라 보리를 재배하던 지역에서 행하던 하나의 풍습이다. 조선 후기 세시풍속을 월별로 구분하고 관련 풍속을 기록한 『열양세시기洌陽歲時記』에는 보리뿌리점인 '맥근점麥根占'에 대해 농가에서 입춘날 보리뿌리를 캐어 그해의 풍흉을 점쳤는데 뿌리가 세 가닥 이상이면 풍년이고, 두 가닥이면 평년이며, 한 가닥이면 흉년이 든다고 기록되어 있다. 반면 제주에서는 뿌리가 하나이면 가뭄이 들어 흉년이고, 둘이면 비가 알맞게 와서 풍년, 셋이면 수재가 있어서 흉년이 된다고 여겼다. 제주에서는 벼농사가 거의 이루어지지 않고 보리농사가 주를 이루었기 때문에, 육지처럼 많은 강우량이 필요하지 않았음을 알 수 있다.

밭에서 벤 보리가 차곡차곡 쌓이고, 하나둘 차례로 쌓인 보릿단을 마당으로 가져간다. 마당에서는 보리 훑는 작업이 한창이다. 마당에 '훑이'가 놓여 있다. 훑이는 곡물의 이삭을 분리하기 위한 도구인데 그

음료·주류

모양이 마치 참빗과도 같다. 제주에서는 이 도구를 '보리클'이라고 한다. 한 사람이 앉은 채로 보릿단을 적당히 집어서 보리클 앞에 선 사람의 손에 건네주고, 이어서 보리 훑는 사람이 보릿단 밑을 보리클에 끼워넣어 주욱 잡아당기면 이삭이 후두두 떨어진다. 볕이 좋은 날 분리된 이삭을 마당에 펼쳐놓고 바싹 말린 뒤 사람과 마소가 함께 밟아 껍질을 벗겨낸다.

보릿고개는 지난가을에 수확한 양식이 바닥나고 보리는 아직 익지 않아 먹을 것이 없는 어려운 시기를 말한다. 그러나 제주에는 지난해 가을에 수확한 양식이 훨씬 더 충분치 않았을 것이다. 보리가 다 여물기를 기다릴 수 없었던 제주 사람들은 덜 익은 보리인 섯보리를 먹으면서 하루하루 연명했다.

초록빛 이삭을 모아서 끓는 물에 나물 데치듯이 삶는다. 이삭을 건져낸 후 물을 빼고 햇볕에 바싹 말린다. 그리고 잘 말려진 이삭을 짚으로 엮어 만든 멧방석(짚방석)에 올려놓고 손으로 비비면서 껍질을 벗겨내면 푸른 보리쌀이 된다. 이렇게 장만한 섯보리쌀로 지은 밥은 연한 초록빛이 돌고 맛이 고소하다. 섯보리는 보리를 수확하기 전에 만든 곡식이라 하여 '앞쌀'이라고도 한다.

제주 사람들은 수확한 보리로 보리밥을 지어 먹었다. 그리고 일부는 솥뚜껑에 볶아 가루를 내어 보리개역을 만들어 먹었으며, 보릿짚은 한아름씩 묶어 보관 후 땔감이나 모자를 만들었다. 보릿가루는 약재로도 쓰였는데 곪은 상처를 째고 난 후 볶은 보릿가루에 소금을 넣어 만든 범벅을 발라서 치료했다. 제주 사람들에게 보리는 버릴 것이 하나도 없는 소중한 곡식이었다.

시집간 제주 여인의 슬픈 노래

제주 식문화의 특징 중 하나가 바로 '분식 문화粉食文化'이다. 도정 및 제분 도구인 갈돌, 갈판, 오목돌, 공이 등 선사시대의 유물이 제주에서 발견된 것으로 보아 오래전부터 곡식을 가루로 만들어 식생활에 활용했음을 짐작할 수 있다. 이 사실만으로 제주에서 지속적으로 분식 생활을 했다고 단정지을 수는 없지만, 밭농사가 주를 이루며 잡곡이 주로 생산되었다는 것과 많은 제주 향토 음식 중 절반 가까이에 해당하는 음식이 분식이라는 점에서 끊임없이 분식 생활을 했으리라 추측된다.

수제비, 개역, 범벅, 부침 등 가루로 만든 요리는 밥을 지을 때보다

갈돌과 갈판 ⓒ이하영

오목돌과 공이 ⓒ이하영

음료·주류

조리 시간이 한결 짧으며 조리법도 간편하다. 가사, 밭농사, 물질로 쉴 틈 없었던 제주 여성들에게 곡물 가루는 매우 유용한 식재료였음이 분명하다. 하지만 분식 조리가 간편한 것에 반해 분식을 위한 가루를 장만하는 과정은 녹록지 않았다.

> 저녁이나 밝았을 때 해라
> 매일매일 어둡는 집에
> 오늘이라고 밝을 때 하겠느냐
> 길가 집에 복숭아나무 심어
> 그 맛이 단지 신지 맛볼 사람은 있어도
> 방아 도와줄 사람은 없다
> 보리 방아에 물 섞어놓고
> 마실 나간 며느리 찾으러 간다
>
> ― 서귀포시 관광과, 『서귀포시지』
> (서귀포시, 1988, 869쪽 참고)

이 민요는 제주에서 남방에(남방아)를 찧으며 부르던 노래다. 남방아는 '나무로 만든 방아'로 곡식의 껍질을 벗기거나 가루를 빻을 때 사용했다. 민요 속 여인은 방아에 먹을거리를 찧어서 밝을 때 저녁을 만드려고 하지만, 평소에도 날이 밝을 때 저녁을 지어본 적이 없고, 오늘도 이미 날이 어두워서야 저녁을 준비할 수 있는 상황인 걸 한탄하고 있다. 일을 도울 사람은 찾기 어렵고, 보리에 물을 넣어 불린 후 밖으로 나간 며느리를 데려다 다시 방아질을 하려고 한다. 강우량이 많은 지역인 제주는 잡초가 매우 잘 자라고 잡초 제거를 할 때 여성들의 노동력이 많이 필요했다. 또한 척박한 토양으로 인해 물질을 하지 않고서는 먹고사는 문제를 해결할 수 없었기에 제주 여성들은 늦은 오후에야 저녁을 준비하고자 끊임없이 방아질을 했다.

남방아는 통에 곡물을 넣고 방엣귀(방앗공이)로 찧는 도구로, 육지의 절구와 비슷하지만 크기가 매우 커서 여러 명이 동시에 작업할 수 있었다. 한 사람이 하는 방아 찧기를 '한콜방아' 두 사람이 하는 방아 찧기를 '두콜방아'라고 하며 최대 '여섯콜방아'까지 있었다. 또한 남방아는 가장자리가 넓어서 방앗공이에 빗맞아 튀어나간 곡식도 통은 벗어나지 않아 효율적으로 작업할 수 있다는 장점이 있었다. 도정을 위한 또다른 도구로 '연자매'가 있다. 연자매는 '말방아' '말ᄀ레(말가레)'라고도 불렀는데 '가레'는 '맷돌'을 가리키는 제주 사투리다. 이 명칭은 말馬을 동력으로 사용했고, 연자매의 원리가 맷돌과 비슷하기 때문에 붙은 이름이다. 남방아와 연자매는 도정 기능 외에 제분 작업에도 쓰였지만 보통 대량으로 곡물 가루를 장만할 때 이 도구들을 썼으며, 가정에서 제분 작업에 주로 사용한 도구는 맷돌이었다. 과거 제주의 가정에는 집집마다 맷돌을 구비하고 있었다.

해마다 초여름에 보리를 수확하고 나면 솥뚜껑에 보리 볶는 냄새

음료·주류

세콜방아, 국립중앙박물관 소장

가 마을 전체에 솔솔 풍긴다. 껍질을 벗기지 않은 보리가 까맣게 될 때까지 볶아 보리개역을 만들 준비를 한다. 맷돌의 아랫돌 '알착'의 가운데 설치된 회전축인 '중수리'와 윗돌 '웃착' 가운데 뚫린 구멍인 '중수리 구멍'을 끼워 맞춰 맷돌을 조립한다. 보리를 얼마나 곱게 갈아야 할까? 가루의 곱기를 가늠한 뒤 중수리에 헝겊을 감아서 알착과 웃착의 간격을 정한다. 맷돌이 준비되면 웃착에 있는 반달 모양의 곡물 주입구에 보리를 넣고 맷돌 손잡이를 돌린다. 집집마다 구슬픈 제주 여인의 목소리가 흘러나온다.

닭은 울어서 날이 밝았지만
내가 울었다고 날이 밝겠느냐
노래야 산 넘어 가거라
저 산 뒤에 불쌍한 내 어머니 사시니
불쌍한 우리 아기 우는 소린가 하겠네

—이정헌, 『제주명인열전 그루터기』
(각, 2011, 265쪽 참고)

눈물 흘리며 밤을 새워 맷돌질을 해도 날이 밝아오지 않는다. 울어서 날이 밝아오기만 한다면 닭이 되어도 좋다고 생각하지 않았을까? 맷돌질이 얼마나 고되었는지 친정어머니가 그리울 정도였나보다. 제주 여성들은 시집가기 전에도 집에서 어머니와 맷돌질을 했지만 모두가 그런 것은 아니었다. 그러나 시집간 여성은 너나 할 것 없이 맷돌질을 했다. 밤을 지새워 맷돌질을 해도 곡식 한 말을 겨우 벗겨냈다고 하니 얼마나 괴로웠을지 상상조차 하기 어렵다.

맷돌은 곡물 껍질 벗기기, 이미 찧은 곡물 반으로 쪼개기, 곡물 가루 내기와 같은 작업에 두루 쓰였다. 특히 제주의 맷돌은 구멍이 많고 표면이 거친 현무암으로 만들어, 보리의 낟알을 고정하고 곱게 분쇄하는 데 더할 나위 없이 좋은 도구였다.

음료·주류

평범함을 거부하다

조선시대 음식 요리 백과사전인 『정조지鼎俎志』에서는 미숫가루가 보잘것없지만 휴대하기 편리한 음식이라고 했다. 적어도 제주 사람에게 있어서 이 말은 반은 맞고 반은 틀리다. 휴대와 음용이 편리한 것은 맞지만 보잘것없다는 말에는 동의할 수 없다. 제주 사람들이 보리개역을 먹는 방식을 알고 나면 보리개역에 대한 내 생각에 크게 동의하게 될 것이다. 누구나 예상하듯이 보리개역은 물에 섞어 음료로 마셨다. 그런데 기호에 따라서는 물을 아주 소량만 넣어 죽처럼 걸쭉하게 먹었다. 때로는 그릇 한쪽에 보리개역과 설탕을 넣고 또다른 쪽에 냉수를 부어서 숟가락으로 보리개역을 조금씩 냉수에 흘리면서 먹기도 했다.

은색 스테인리스 국그릇 한쪽에 보리개역 몇 숟가락을 덜어 넣고 그 위에 설탕을 뿌린다. 그릇의 또다른 쪽에 냉수를 붓고 숟가락으로 보리개역과 설탕을 조금씩 흘리면서 물과 함께 떠먹는다. 물에 완전히 개어 먹는 게 아니기 때문에 자칫 보리개역 가루가 목에 걸려 혼쭐이 날 수 있으니 조심해야 한다. 시원한 물이 먼저 목구멍으로 넘어가고 동시에 보리개역 가루의 고소함과 설탕의 달콤함이 물을 따라 목구멍으로 들어온다. 그릇 속 보리개역 가루를 숟가락 끝으로 살살 건드리면 마치 해변의 높은 모래더미에서 모래가 흘러 내려오듯이 보리개역 가루가 물위로 스르르 떨어진다.

보리개역 ⓒ이하영

보리개역은 지금의 테이크아웃 방식처럼 먹기도 했다. 먼저 신문지를 돌돌 말아 원뿔 모양으로 만든 후 아래쪽을 접어서 보리개역이 새지 않도록 한다. 그리고 신문지 안에 보리개역을 넣은 후 보릿대를 빨대 삼아 '훅' 하고 흡입해 먹는다. 보릿대를 이용한 빨대라니 환경오염에 대한 죄책감 없이 빨대를 쓸 수 있었던 시절이 부럽다는 생각이 든다. 이런 방식으로 먹으면 보리개역이 자칫하면 기도로 잘못 들어갈 수도 있어 아이들에게는 매우 위험했다. 그러나 보리개역의 고소함은 이런 위험과 부모님의 잔소리를 무릅쓰고서라도 먹을 수밖에 없었던, 거부하기 힘든 유혹이었나보다.

보리개역은 요리에도 활용되었다. 제주에서는 양념한 우미와 부추에 물을 붓고 그 위에 보리개역을 고명으로 올려 먹었다. '우미'는 '우무'의 제주 사투리로 바다에서 채취한 우뭇가사리를 물에 끓여 식힌 것이다. 이 음식은 식사할 때 국이나 반찬 역할을 하기도 했고, 간식처럼 먹기도 했다. 또한 제주의 구황작물 중 하나인 '믈웃(무릇)'의 뿌리를 삶아 쌀을 대신해 보리개역에 무쳐 먹기도 했다.

요즘 다시 보리개역이 제주를 상징하는 음식으로 자리잡아가고 있

음료·주류

다. 유명 프랜차이즈 카페에서 보리개역 음료팩을 상품으로 판매하는데, 다른 곡물은 넣지 않고 보릿가루로만 만들어 보리개역의 특징을 살리는 동시에 소비자의 기호에 맞추어 여러 견과류를 함께 넣었다. 서귀포시에 위치한 어느 유명 카페는 곡물창고를 개조한 인테리어로 제주의 풍경을 잘 담아내는 한편 보리개역을 대표 메뉴로 내세우고 있다. 이외에도 보리개역으로 눈꽃빙수를 만든 보리개역빙수, 보리개역을 주재료로 만든 쿠키 등 제주의 소비자와 관광객의 입맛에 맞춰 보리개역은 새로운 모습으로 재탄생되고 있다.

이하영 ◆ 제주대학교 자유전공 계약교수

감귤주스

황금 열매로 만든 신선의 음료

제주는 옛날부터 신선의 섬 '영주'라 불려왔다. 제주의 빼어난 경관 열 곳을 영주십경이라 하는데, 가을이면 빼놓을 수 없는 경치가 바로 귤림추색橘林秋色이다. 가을날 제주의 높고 푸른 하늘과 까만 현무암 돌담, 감귤나무의 초록 잎사귀, 그리고 황금색 감귤이 주렁주렁 열린 이 땅이 바로 신선의 섬임을 느끼게 해준다. 감귤이 얼마나 제주를 대표하는지는 구제주 중심가에 위치한 제주목 관아를 한번 둘러보더라도 알 수 있다.

송용한, 〈감귤밭〉, oil on canvas, 60.6×72.7cm, 2022

감귤 속에 신선이 산다

　제주목 관아는 조선시기 제주목사들이 부임하여 업무를 보던 곳으로, 지금의 도청과 같다. 탐라부터 조선까지 과거 제주의 정치·문화·행정의 중심지였던 장소다. 제주목 관아 바로 남쪽에는 관덕정觀德亭이 있다. 관덕정은 『예기禮記』에 나오는 "활을 쏘는 것은 높고 훌륭한 덕을 보는 것이다"에서 온 명칭으로 세종 30년(1448)에 제주목사였던 신숙청이 군사를 훈련할 목적으로 지었다. 감귤 얘기에 왠 관덕정이

냐고 할 수도 있지만, 관덕정 들보에는 여러 장의 벽화가 그려져 있다. 〈적벽대첩도赤壁大捷圖〉〈대수렵도大狩獵圖〉〈진중서성탄금도陣中西城彈琴圖〉〈홍문연鴻門宴〉 등등. 무예 수련 장소와 관련된 다른 전쟁 벽화와는 조금 결이 다른, 뜬금없어 보이는 그림도 두 개 있는데, 바로 〈상산사호商山四皓〉와 〈취과양주귤만교醉過揚州橘滿轎〉이다.

이 벽화는 중국 당대 소설인 『현괴록玄怪錄』 속 「파공 지역 사람巴邛

관덕정 들보의 〈상산사호〉와 〈취과양주귤만교〉 벽화 ©정민경

人」이라는 이야기에서 나왔다. 어떤 사람이 지금의 사천 지역인 파공에 살았다. 그의 집에는 감귤밭이 있었는데, 어느 날 서리가 내려 감귤이 모두 말라 떨어져버렸다. 아주 커다란 감귤 두 개만을 남겨두고서. 파공 지역 사람은 커다란 감귤이 너무나도 신기해서 사람을 시켜 감귤을 따게 했다. 두 개의 감귤은 크기는 컸지만 무게는 보통 감귤과 똑같았다. 파공 지역 사람이 커다란 감귤을 반으로 잘라보았더니 귤 하나씩에 노인 두 명이 마주앉아 장기를 두고 있었다. 두 개의 감귤 속에 앉아 있던 노인 네 명은 모두 눈썹과 수염이 새하얗고 피부에 붉은 윤기가 돌았다. 관덕정 들보에 그려진 〈상산사호〉는 진시황 시절 난리를 피해 상산에 은거했던 네 명의 노인이다. 이들은 동원공, 각리선생, 기리계, 하황공으로 상산에서 매일 장기를 두며 소일했다. 모두 눈썹과 수염이 새하얗기 때문에 흴 호晧 자를 써서 사호四晧라고 불렀다.

그런데 상산에 있어야 할 노인들이 모두 감귤 속에서 장기를 두고 있다니! 감귤 속에 있던 그들의 몸은 30센티미터 정도였고 서로 이야기를 나누며 즐거워하였다. 노인들은 감귤이 잘린 후에도 놀라거나 두려워하지 않고 계속해서 장기를 두며 내기할 뿐이었다. 장기 놀이가 끝나자 한 노인이 말했다. "감귤 속의 즐거움은 상산보다 덜하지 않는데, 다만 깊은 뿌리와 단단한 꼭지를 갖지 못해 떨어졌을 뿐이군." 잠시 후 또다른 노인이 말했다. "나는 배가 고파 용근포龍根脯 하나를 먹어야겠네." 그러고는 소매에서 풀뿌리 하나를 꺼냈다. 용근포는 둘

음료·주류

레가 1촌(약 3센티미터)쯤 되는, 용처럼 구불구불하게 생긴 모양이었다. 노인은 용근포를 깎아 먹었는데, 깎으면 깎을수록 더 길어졌다. 다 먹고 나서 그 뿌리에 물을 뿜으니 한 마리 용으로 변했고, 네 명의 노인은 그 용을 타고 떠났다. 상산의 노인들이 서로 마주앉아 장기를 두고 있던 감귤 속은 바로 또다른 신선 세계였던 것이다.

그렇다면 〈상산사호〉 옆에는 왜 〈취과양주귤만교〉란 그림이 있었던 것일까? 벽화의 제목을 해석해보면 '취과양주'란 취해서 양주 땅을 지나간다는 뜻이고 '귤만교'란 감귤이 수레에 가득하다는 뜻이다. 여기서 술에 취해 양주 땅을 지나가는 사람은 바로 두목杜牧이다. 『현괴록』의 작가 우승유는 양주자사를 지낸 적이 있는데, 그때 두목을 불러 서기를 맡겼다. 문장도 뛰어나고 얼굴도 잘생겼던 두목은 당시 번화한 도시였던 양주에서 화려한 향락 생활을 누렸다. 그가 술에 취해서 양주 땅을 지나갈 때면 그를 흠모하던 기녀들이 성벽 위에서 자신의 마음을 담은 감귤을 수레에 던졌다. 그래서 집으로 돌아온 두목의 수레에는 항상 감귤이 가득차 있었다.

왜 감귤이었을까? 중국에서는 『시경詩經』 시기부터 여자들이 마음에 드는 남자가 있으면 과일을 수레에 던지는 풍습이 있었다. 예를 들어 서진 시기 미남자로 유명한 반악이 외출할 때면 여자들, 심지어는 할머니까지도 그에게 과일을 던져주는 바람에 수레가 과일로 가득찼다고 한다. 하지만 무슨 과일이라고까지는 지정돼 있지 않았다. 두목에 와서 과일이 감귤로 특정된 것은 감귤이 양주 등 중국 남부 지역의 대표 과일이었기 때문은 아닐까?

감귤밭에서 풍악을 울려라

관덕정에서 내려와 정문으로 들어가면 바로 목관아다. 목관아의 북쪽 방향에는 다양한 품종의 감귤나무 여러 그루가 있다. 이형상의 『탐라순력도』에는 감귤과 관련된 그림이 두 개 있는데, 그중 하나가 〈귤림풍악橘林風樂〉이다. 감귤나무 사이에서 풍악을 울리며 즐기는 연회를 그린 그림으로, 이형상은 대나무 울타리로 둘러싸인 감귤밭 중심에 앉아 있다. 왼쪽에는 관원들이 함께 앉아 있고 오른쪽에는 악공들과 기녀들이 연주와 노래를 하고 있다. 주위의 감귤나무에는 노란색, 주황색, 빨간색 감귤이 주렁주렁 달려 있어 다양한 품종의 감귤이 한 감귤밭 안에 있음을 알 수 있다. 감귤밭 왼쪽 밑에 망경루望京樓가 있고, 오른쪽 아래에 귤림당橘林堂, 오른쪽 가운데에 교방敎坊, 오른쪽 위에 병고兵庫가 있다. 이 그림으로 보아 북쪽에 있는 감귤밭은 당시 제주성 안에 있던 동과원, 서과원, 남과원, 북과원, 중과원, 별과원 여섯 개의 과수원 중 북과원임을 알 수 있다.

감귤밭 주위에는 방풍을 하기 위해 대나무를 심어놓았는데, 대나무는 화살을 만드는 데도 쓰였고 감귤을 저장하는 데도 요긴하게 사용

북과원에서 바라본 망경루의 모습. 〈귤림풍악〉은 북과원에서 진행되었다.
ⓒ연합뉴스

되었다. 〈귤림풍악〉 하단에는 다음과 같은 설명이 있다.

임오년(1702) 삼읍(제주목, 정의현, 대정현)의 감귤 결실 총수
당금귤唐金橘 1050개, 감자柑子 48947개, 금귤金橘 10831개, 유감乳柑 4785개, 동정귤洞庭橘 3364개, 산귤山橘 185455개, 청귤靑橘 70438개, 유자柚子 22041개, 당유자唐柚子 9533개, 등자귤橙子橘 4369개, 석금귤石金橘 1021개, 치자梔子 17900개, 지각枳殼 16034개, 지실枳實 2255개

감귤 품종도 다양할 뿐만 아니라 그 개수도 세세하게 기록되어 있다. 하나하나 그 숫자가 빠짐없이 기록되어 있으니 당시 감귤이 얼마나 귀한 과일이었는지를 알 수 있다. 감귤 품종 중 눈에 띄는 글자는 감柑, 귤橘, 유柚, 등橙, 지枳이다. 사실 감귤이라는 명칭은 감과 귤이 합쳐진 말로, 감이 귤보다 좀더 남쪽에서 재배된다. 감류와 귤류는 동일한 학명을 사용하고 동서양에서는 '만다린'으로 통칭한다. 감귤 이름에 감이 들어가면 감류, 귤이 들어가면 귤류라고 생각하면 쉽다.

동정귤은 중국 동정호 일대에서 재배되는 귤로 조선시대 최고의 품질을 자랑했다. 산귤은 제주에서는 '산물'이라고 불리며 말린 껍질은 진피라고 하여 한약재로 많이 사용했다. 현재 애월읍 납읍리에는 100년이 넘는 산귤나무가 있다. 지금 청귤은 감귤이 아직 익지 않았을 때의 푸른 귤을 말하지만 이는 잘못된 것이다. 원래 청귤은 감귤의 품종으로, 열매가 늦게 익어 월동 후 3월이 지나야 노랗게 익으며 과실이 작고 씨가 많다. 현재에도 서귀포시 상효동에는 120년 정도로 추정되는 청귤나무가 있다. 유자는 껍질이 울퉁불퉁하고 두꺼우며 연노란색을 띤다. 보통 껍질을 얇게 썰어서 설탕 등에 절여두고 유자차로 많이 마신다. 등자귤은 알맹이가 작고 맛이 시며 열매가 익으면 붉은색을 띤다.

'지'는 흔히 탱자로 알고 있는 감귤 품종이다. '회수 남쪽의 감귤을 회수 북쪽에 옮겨 심으면 탱자가 된다'는 귤화위지橘化爲枳라는 말이 있다. 중국 남방에서는 맛있던 감귤이 북쪽으로 가면 맛이 없어진다는 뜻이지만, 회수 남쪽의 귤이나 회수 북쪽의 탱자나 모두 감귤의 한 종류이다. 〈귤림풍악〉은 조선 시기 제주에서 재배되던 감귤을 기록한 것인데도 이렇게나 종류가 다양하다. 제주에 오면 제주목 관아 북과원을 둘러보시라. 다양한 품종의 감귤나무들이 설명과 함께 당신을 맞이할 것이다.

현재 육지에서 제주의 감귤로 알고 있는 것은 바로 온주밀감이다. 온주는 중국 저장성의 지명으로 제주의 감귤이 대부분 중국 남부에서 바닷길을 통해 제주로 들어왔음을 알려준다. 그렇다고 지금의 온주밀감이 중국 온주에서 바로 전해진 감귤은 아니다. 온주에서 들어온 품종이 일본으로 건너간 후 개량을 거쳐 다시 제주로 들어왔다. 온주밀감도 과거에는 늦게 익는다는 만생이 많이 재배되었지만 현재는 거의 조생이 대부분을 차지하고 있다. 제주에서는 온주밀감을 비닐하우스가 아니라 노지에서 재배하기 때문에 노지감귤이라고도 한다. 감귤은 18세기 초에도 이렇게 다양한 품종이 존재했고 현재도 계속해서 한라봉, 천혜향, 레드향, 황금향, 홍매향, 진지향 등 새로운 품종이 개발되고 있다.

황감제, 감귤로 인해 보는 과거시험

『탐라순력도』의 또다른 그림인 〈감귤봉진柑橘封進〉은 망경루와 연희각 앞마당에서 임금에게 진상하기 위해 감귤을 준비하는 과정을 그렸다. 연희각 안에서 남자들이 감귤을 종류별로 나누고 검수한 뒤 앞쪽에 앉아 있는 이형상에게 확인을 받는 모습이다. 지금은 감귤 선과장이 따로 있어, 나무에서 딴 감귤을 노란색 컨테이너에 담아 한꺼번에 선과장으로 가져간다. 선과장에서 선과 기계에 감귤을 쏟아부으면 기계가 돌아가며 크기에 따라 분류를 해준다. 여기에서 상품과 파치가 나누어진다. 그러나 당시에는 너무나도 귀한 귤이었기 때문에 일일이 손으로 살피고 검수해야 했다.

그림 중앙의 큰 차양 아래에는 많은 여인이 검수가 끝난 감귤을 나누어 상자에 담고 있다. 그 옆에는 남자 여럿이 마른풀을 마련하고 나무통을 조립해 포장 상자를 만들고 있다. 감귤은 진상하러 가는 도중에 짓눌리거나 썩어버릴 염려가 있기 때문에 마른풀로 감싸 소중히 포장했다.

감귤의 진상은 9월부터 시작하여 10일 간격으로 20회나 이루어졌다. 이렇게 진상된 감귤은 과거시험을 만들어내기도 했다. 조선시대 '황감제'라는 과거시험은 바로 매년 섣달 제주도에서 진상해오는 감귤, 유자 등의 특산물 중 일부를 성균관과 동, 서, 남, 중 학교의 유생들에게 나누어주며 치르던 시험이다. 『조선왕조실록』에 따르면 숙종

음료·주류

가운데 있는 2층 건물이 망경루. 오른쪽에 있는 건물이 귤림당.
왼쪽에 있는 건물이 연희각이다. 〈감귤봉진〉은 이 세 건물 사이 공간에서 이루어졌다.
ⓒ정민경

25년(1699) 황감제 때 유생들이 질서를 지키지 않고 앞다투어 감귤을 집어가는 사건이 발생했다. 이전에도 이런 일이 있었지만 이번에는 좀 심했다. 이에 숙종은 "명색이 선비로서 임금의 하사품이 중한 줄을 모르니, 더욱 한심한 일이다"라고 한탄하였다. 감귤 하나를 먹기 위해 점잖은 유생들이 서로 싸울 정도로 조선시대만 해도 감귤은 귀한 과일이었다.

신선의 땅, 신선의 열매

 열매 하나하나가 너무나 소중했던 제주 감귤은 1910년대에 온주밀감이 대중화되면서 제주 경제에 보탬이 되었다. 1960~1970년에는 재일제주인들이 고향 제주에 감귤나무 보내기 운동을 하면서 감귤나무는 '대학나무'라고 불리게 된다. 제주에서 육지로 대학을 다니는 학생들의 학비와 생활비를 책임질 수 있는 나무라는 뜻이었다. 감귤밭 하나가 있으면 밭에서 나오는 이익으로 살림살이를 챙길 수 있었다. 하지만 1990년대 후반만 하더라도 제주에 감귤밭이 늘어나면서 감귤 생산이 많아져 가격이 폭락하는 일도 종종 있었다.

 최근에는 감귤을 재배하고 수확하는 일도 시대적 변화에 맞춰 다양하게 바뀌고 있다. 여전히 감귤밭 경영에 전념하는 사람도 있지만, 따로 직업을 가지고 있으면서 주말에만 관리하는 사람도 있다. 이뿐만 아니라 직접 감귤 수확이 어려운 사람들은 밭떼기라고 해서 감귤이 익으면 상인에게 감귤밭을 통째로 넘기기도 한다. 가을 한철 제주의 이색 일자리로 감귤 따기 아르바이트생을 모집하기도 하고, 감귤 농사를 짓는 사람들이 줄면서 외국인 노동자들이 그 자리를 대체하기도 한다.

 하지만 감귤은 여전히 제주를 대표하는 특산물이고, 제주의 아열대 기후는 감귤 재배에 최적이라 노지에서도 감귤이 잘 자란다. 육지 사람들은 제주 하면 감귤을 떠올려서 제주대학교에는 감귤선별학과나 감귤포장학과가 있냐고 물어볼 정도다. 또한 제주 사람이라면 누구나 감귤밭 하나쯤은 가지고 있을 거라고 생각한다. 그도 그럴 것이 제주에서는 감귤이 익을 때가 되면 주변 친척이나 친구들이 파치를 가져다주기 때문에 감귤을 사 먹을 일이 없다. 감귤을 사 먹었다고 하면 그 사람의 인간관계가 별로라고 생각할 정도다.

이제 제주 목관아를 나와 제주시에서 가장 큰 시장인 동문시장으로 발걸음을 옮겨보자. 시장 안 과일가게에 가면 온주밀감은 물론 새로운 품종의 감귤을 직접 맛보고 살 수 있다. 옆으로 조금만 가면 다양한 감귤 관련 음식도 만날 수 있다. 감귤 초콜릿, 감귤 떡, 감귤 과줄, 감귤 아이스크림, 감귤 칩, 감귤청, 감귤 잼, 감귤 타르트, 감귤 탕수육, 감귤

동문시장의 다양한 감귤 및 감귤주스 ⓒ정민경

치킨 등등. 감귤은 과일 그대로도 많이 먹지만 음료로도 많이 마신다. 요즘 제주에서 유행하는 감귤 모자를 쓰고 손에 감귤주스를 들고 여행의 갈증을 풀어보자. 입안에 은은한 향기가 퍼지며 마치 신선의 음료를 마시는 것 같으리라.

창밖에 감귤나무가 십여 그루 있는데 마침 열매가 무르익어 황금이 달려 있는 듯했다. 감귤을 따와서 껍질을 벗기니 은은한 향기가 퍼지고 입에 넣자 금방 녹아서 신선의 음료를 마시는 것 같았다.

—임제, 『남명소승』

정민경 ♦ 제주대학교 중어중문학과 교수

쉰밥의 도도한 변신

쉰다리

음료·주류

제주의 독특한 농사법, 바령과 바령팟

　제주의 토양은 '뜬땅'이라 불리는 푸석하고 찰기 없는 화산회토로, 일반적으로 농사에 적합하지 않다. 숙종 시기 제주목사로 부임한 이형상은 『남환박물』에서 제주의 밭을 오늘날 토질 등급으로 치면 9등급 중 8등급에 해당하는 '하중'이라 표현한다. 또한 "밭의 상태를 살펴보니 얇은 점토다. 밟지 않으면 파종이 어렵고, 거름을 하지 않으면 이삭이 패지 않았다"라고 기록하며, 제주 밭의 토질이 매우 척박함을 전하였다. 게다가 제주는 바람, 여자, 돌이 많아 '삼다도'라 불릴 정도로 바람이 잦고 거세다. 제주 사람들은 씨앗을 최대한 흙속 깊이 묻으려 했지만, 제주의 흙은 워낙에 찰기가 없고 깊이도 얕아 바람이 불면 흙과 씨앗 모두가 쉽게 날아가버렸다. 이처럼 땅도 하늘도 열악한 환경에서 제주 사람들은 토양을 비옥하게 하고, 농업 생산성을 높이기 위해 고유의 농사법을 고안해냈다.

제주 사람들은 척박한 땅을 활용하기 위해 소와 말을 몰아 밭을 밟아 토양을 다지는 농사법을 개발했다. 소와 말을 밭에 가둬 밤낮으로 배설물을 더하는 '팔양八陽'이라는 방식인데, 이를 위해 소와 말을 가둔 밭을 '팔장八場'이라 하였다. 이 같은 전통 농업 방식은 여러 문서에 기록되어 있다. 『조선왕조실록』의 세종 11년 기록(「세종실록」 45권)에는 "제주는 토성이 메마르므로 농부들은 밭 가운데에 반드시 팔장을 만들어 소를 기르고, 쇠똥을 채취하여 종자를 뿌린 뒤에는 반드시 소를 몰아 밭을 밟게 해야 싹이 살 수 있다"라고 전한다. 대한제국 시기 제주로 유배되었던 김윤식이 기록한 『속음청사』에는 "저물녘 막은골에 가서 '밭밟기'를 보고 돌아왔다. 이 고장 풍속으로, 밭을 갈고 씨를 뿌리면 반드시 소·말 수십 마리, 혹은 백여 마리를 밭에 풀어 두루 밭을 밟게 하는데 그런 뒤에야 파종된 씨앗이 뿌리를 내려 무성하게 열매를 맺는다고 한다"라고 나온다.

『조선왕조실록』에 기록된 팔양과 팔장은 각각 오늘날 제주 사투리로 '바령'과 '바령팟'을 의미하고, 김윤식이 기록한 밭밟기 역시 '바령'을 의미한다. 제주 사람들은 농사를 짓지 않는 기간 동안 바령팟을 만들고 마소를 풀어 자유롭게 돌아다니는 바령을 하였다. 이 과정에서 마소가 배설한 분뇨는 자연스럽게 비료가 되어 토양을 비옥하게 만들었고, 비옥해진 바령팟에서 다시 농사를 지었다. 바령과 바령팟은 제주에만 있는 농사법으로, 척박한 환경 속에서도 제주 사람들의 생존과 번영을 가능하게 했던 전통 농업의 핵심이었다.

바령과 바령팟은 제주의 전통 행사인 마불림제(백중제)에서 기원한다. 마불림제는 음력 7월 15일, 말과 소의 번식과 건강을 기원하며 거행된 제사다. 제사 전날, 마을 사람들은 말과 소를 모아두고 의례를 준비했으며, 이때 말과 소를 가두어두는 넓은 밭을 바령팟이라 불렀다. 말과 소는 밤새 바령팟에서 자유롭게 돌아다니며 분뇨를 배출했고, 제사 후에도 밭에서 뛰놀며 배설을 계속했다. 제주 사람들은 말과 소를 위한 제사를 지내고, 말과 소는 제주 사람들을 위해 땅을 비옥하게 만들어준 셈이다. 바령과 바령팟은 말과 소, 그리고 인간의 공존과 자연과의 순환을 상징하며, 오늘날까지도 제주 사람들에게 소중한 전통으로 남아 있다.

산듸라고 아시나요

제주에서는 논에서 자라는 벼와 달리, 바령팟에서 재배되는 벼인 '산듸(밭쌀)'를 키워왔다. 산듸는 '산도山稻'의 제주 사투리로, 본래 제주 지역에서 자생하던 야생 곡물이었다. 초기에는 벼나 보리처럼 재배를

산듸는 쌀알 모양이 일반 쌀보다
조금 길며 큰 편이다. ⓒ이가영

목적으로 한 곡물이 아니었지만, 곡식이 귀했던 제주에서는 이를 밭에 심어 재배하기 시작했다.

산듸는 척박한 환경에서도 자랄 수 있는 강한 생명력을 지녔다. 산듸는 깊은 뿌리와 많은 잔뿌리 덕분에 가뭄이나 태풍 같은 자연재해 속에서도 꿋꿋이 자랐다. 제주의 거친 땅과 센 바람을 이기고 잘 자라난 산듸는 제주 땅의 기운을 받은 특별한 벼로 여겨지기도 하고, 척박한 환경 속에서 살아가는 제주 사람들의 강인한 기질을 닮은 곡물로 여겨지기도 한다. 특히 산듸는 강정, 무릉, 도원, 서귀포 하논 분화구 지역에서 비옥한 토양 덕분에 더욱 잘 자란다.

쌀이 귀했던 시절, 제주에서는 밭에서 재배된 산듸로 '산듸밥'을 만들어 먹었다. 산듸를 재배하게 되면서, 제주에서도 쌀밥을 먹을 수 있게 된 것이다. 그러나 누구나 산듸를 쉽게 먹을 수 있는 건 아니었다. 이를 재배할 수 있는 땅이 한정적이었기 때문이다. 따라서 제주 사람들은 모양새가 온전한 산듸뿐만 아니라 으깨진 부스러기까지도 소중히 활용했다. 산듸를 절구로 찧어 껍질을 벗기고 체로 걸러내면, 온전한 쌀은 체 위에 남고 작은 부스러기는 아래로 떨어진다. 이렇게 나온

음료·주류

제주에서 산듸가 자라는 곳은 많지 않다. 9월 초 제주에 방문한다면, 산듸가 노랗게 익어 고개 숙인 모습을 볼 수 있다. ⓒ이강바이오

부스러기들을 '스레기(소레기)'라고 부른다. 스레기로는 죽을 만들어 가족들과 함께 나누어 먹었는데, 이렇게 만든 '스레기죽'은 쌀의 모든 부분을 버리지 않고도 알뜰하게 활용하는 제주 사람들의 생활 방식, 즉 제주 사투리로 조냥 정신(절약 정신)을 잘 나타낸다.

오늘날 산듸는 일반 쌀보다 가격이 비싸며, 제주에서도 귀한 쌀로 대접받고 있다. 생산량이 적어서이기도 하지만 산듸가 화학 비료를 사용하지 않고 유기농 방식으로 재배되는 자연 그대로의 쌀이기 때문이다. 제주 지역의 특수한 환경에서 자라나는 산듸는 오늘날에도 귀

한 쌀로 인정받고 있다.

산듸로 밥을 지을 때는 일반 쌀보다 더 정성을 들여야 한다. 산듸는 전분 함량이 낮아 찰기가 적기 때문에 물과 불, 뜸 조절을 세심하게 하지 않으면 날리는 밥이 되거나 죽처럼 되어버리기 쉽다. 그러나 제대로 지은 산듸밥은 적당한 찰기와 독특하고 건조한 식감, 그리고 구수한 누룽지향을 자랑한다. 처음 먹어보는 사람들은 산듸밥이 다소 낯설 수 있지만, 한번 맛을 들이면 그 매력에서 헤어나기 어렵다. 산듸밥의 고유한 맛과 향을 온전히 즐기려면 오래 씹어야 하며, 밥과 반찬을 따로 먹어야 그 깊은 맛을 느낄 수 있다. 찰기가 적어 리소토나 볶음밥 재료로도 잘 어울린다. 최근에는 산듸가 제주에 거주하는 외국인들 사이에서 '리소토 쌀'로 불리며 큰 인기를 끌고 있다. 이러한 변화와 관심 속에서 산듸는 제주의 독특한 농업 전통과 자연환경을 보여주는 특별한 쌀로서 그 경제적·문화적 가치가 점차 높아져간다.

삶의 지혜가 가득 담긴 제주의 여름맛

냉장고가 없던 시절, 습하고 더운 제주도에서는 특히 여름철에 음식이 쉽게 상했다. 제주 사람들은 귀한 음식을 오래 보관하기 위해 대나무를 얇게 엮어 작은 바구니와 뚜껑을 만들어 사용했는데, 이를 제주에서는 '차롱'이라 불렀다. 차롱은 마치 오늘날의 간이 냉장고와 같

음료·주류

은 역할을 했다. 밥이나 음식을 차롱에 담아 통풍이 잘되는 곳에 두면 하루 정도는 상하지 않게 보관할 수 있었다. 차롱은 척박한 환경 속에서 소중한 음식을 지키려는 제주 사람들의 지혜가 담긴 도구였다. 차롱에 담긴 밥은 일반 그릇에 담은 것보다 오래 보관할 수 있었지만, 무더운 여름철에는 차롱을 사용해도 밥이 쉬는 경우가 종종 있었다. 밥이 귀했던 옛날, 제주 사람들은 쉬어버린 밥조차 귀히 여기고 알뜰살뜰 활용하는 지혜를 발휘했다. 쉰밥을 활용하여 '쉰다리'를 만든 것이다.

쉰다리, 한 번 들으면 잊기 어려운 이 음료는 다양한 별명도 가지고 있다. 쉰달이, 순달이, 순다리, 단술 등 이름만큼이나 유래에 대한 설도 다양하다. 쉰밥으로 만들어져 '쉰다리'라 불렸다는 설, 한국어 '쉰'과 몽골의 발효 음료 '타락tarag'의 합성어라는 설, 한 번 끓여 알코올을 날려내 어린아이도 먹을 수 있을 만큼 순하게 만들어 '순다리'가 되었다는 설 등이 있다.

쉰다리를 만드는 방법은 의외로 간단하다. 먹다 남아 쉰 쌀밥이나 보리밥을 물에 여러 번 깨끗이 씻어낸 뒤, 물과 잘게 부순 누룩을 섞고 기다리기만 하면 된다. 쉰다리는 비록 쉰밥을 이용해 만들지만, 누룩은 좋은 것을 써야 한다. 이때 사용하는 누룩은 보통 전년도 추석 무렵에 미리 만들어둔다. 장마철이나 더운 날엔 누룩에 벌레가 생기거나 상하기 십상인 탓이다. 날이 서늘해지면, 보리쌀에 물을 넣어 누룩을 도톰하게 만들어낸다. 누룩이 도톰해야 속에 예쁘게 꽃이 핀단다. 반

서귀포에서 평생을 사신 김순자 어머님이 만든 누룩.
추석 즈음에 보리쌀과 물만 넣어 누룩을 만들어놓고, 다음해 여름 쉰다리를 만든다.
ⓒ강태진

으로 쪼개보았을 때, 분홍색과 노란색의 곰팡이가 꽃처럼 피어난 것이 적절히 발효된 상태의 좋은 누룩이다. 다음해 가족들이 여름을 시원하게 보내길 기원하며, 제주의 어머니들은 좋은 누룩을 미리 준비한다.

쉰밥에 물과 누룩을 넣어 여름에는 하루나 이틀, 겨울에는 대엿새 정도 발효시키면 쉰다리가 완성된다. 발효가 진행될수록 거품이 뭉글뭉글 올라오고, 밥알의 형태가 녹아 사라지면 쉰다리 술이 완성된 것이다. 제주 사람들은 이렇게 쉰다리가 발효되어 거품이 올라오는 모습을 두고 '쉰다리가 끓는다'고 표현한다. 발효 과정에서 보글보글 끓어오르는 것처럼 기포가 생기기 때문이다. 1948년 서귀포에서 태어나 지금도 고향을 지키고 있는 김순자 어머니는 "마음이 곱지 않으면 쉰다리가 잘 끓지 않고, 마음이 고우면 쉰다리가 잘 끓는다"고 귀띔하였다. 비록 특별한 기술이 들어가는 음식은 아니지만, 쉰다리에는 더위에 지친 가족을 생각하는 마음이 듬뿍 담겨 있다.

완성된 쉰다리는 체에 걸러 마신다. 이렇게 만든 생쉰다리에는 알코올이 포함되어 있어, 몇 잔만 마셔도 은은하게 취기가 올라온다. 따라서 생쉰다리를 마신 후 운전을 하면 음주운전으로 처벌받을 수 있으니 주의해야 한다. 특히 여름철처럼 기온이 높은 날에는 발효 속도가 더욱 빨라져, 강렬한 새콤함과 알딸딸한 매력을 지닌 쉰다리가 완성되기도 한다. 쉰다리는 흔히 요구르트와 막걸리를 섞은 맛이라고 설명된다. 발효 과정에서 유산균이 풍부하게 생기기 때문이다. 실제로 제주 사람들은 변비약 대신 쉰다리를 먹기도 했다. 하지만 알코올이 부담스럽거나 설사를 하는 경우에는 뭉근한 불에 한소끔 끓여 알코올 성분을 날린 뒤 새콤달콤한 음료로 즐기기도 했다. 생쉰다리는 술로, 끓인 쉰다리는 음료로 맛볼 수 있는 셈이다.

이러한 특성 덕분에 쉰다리를 접한 사람들의 반응도 다양하다. 어떤 사람은 새콤달콤하다며 탄산음료 같다고 표현하고, 어떤 사람은 술맛이 난다며 막걸리 같다고 이야기한다. 그 이유는 무엇일까? 집집마다 쉰다리를 만드는 방식도 다르고, 발효 상태에 따라 쉰다리의 맛도 계속 변하기 때문이다. 한마디로 쉰다리는 '제주에서 태어난 변신의 귀재'다.

오늘날 쉰다리를 만드는 방법은 옛 방식과 그리 다르지 않다. 차이라고 한다면 오늘날에는 쉰다리를 만들 때 단맛을 위해 당원을 조금 추가하는 정도라고 한다. 쉰다리 만드는 법은 제주 출신 하드록 밴드 '와비킹'의 노래 〈쉰다리〉 한 곡을 따라 부르면 금방 알 수 있다.

쉰쉰쉰쉰 쉰다리
누룩 잘게 뽀쌍
쉰밥이영 섞엉
물 당원이영 섞엉
발효시키민
새콤돌콤 좋아
너미너미 좋아
제주도의 음료
할망네 요구르트

곡식이 귀했던 제주에서 쉰다리는 농사일이나 바닷일로 지친 몸을 달래는 새참으로 활용되어 노동의 피로를 풀어주는 노동주 역할을 했다. 아마도 남은 밥을 재활용해 만든 음료였기에, 한 잔 마시면 곡기 때문에 배까지 든든해졌기 때문일 것이다. 또한 쉰다리에 은근한 알코올이 함유되어 있어, 땀을 한 바가지 흘린 뒤 마시면 온몸이 풀리는

음료·주류

듯해서일지도 모른다.

 이뿐만 아니라, 뭉근히 끓여 알코올을 날려낸 쉰다리는 아이들의 여름철 영양 간식으로도 사랑받았다. 더운 날씨에 땀을 뻘뻘 흘리며 뛰어놀던 아이들에게 쉰다리는 새콤달콤하고 시원한 음료수로 더위를 식혀주었다. 흥미로운 점은 쉰다리가 아이들뿐 아니라 임산부들에게도 인기였다는 사실이다. 더운 날씨로 입맛을 잃은 임산부들이 달콤하면서도 톡 쏘는 쉰다리의 맛에 끌려 이를 즐겨 마셨다고 전해진다. 이처럼 쉰다리는 제주의 자연환경과 생활 방식 속에서 탄생하여, 남녀노소를 가리지 않고 무더위에 지친 제주 사람들의 몸과 마음을 달래주며 활력을 북돋아주는 보약 같은 음료로 사랑받았다.

쉰다리를 만들어 먹기 어렵다면, 제주로 오라. 제주의 식당에서는 종종 쉰다리를 식전 음료 혹은 식후에 입가심으로 제공한다. ©이가영

 오늘날 쉰다리는 현대인의 입맛을 사로잡는 건강 음료로 주목받고 있다. 독특한 이름이 주는 호기심과 한 번 맛보면 잊을 수 없는 새콤달콤한 풍미는 쉰다리를 제주의 과거와 현재를 잇는 특별한 유산으로 만들어주었다.

 제주에서 쉰다리 한잔 어떠한가. '이게 술일까, 음료일까?'

고민하며 한 모금 마셔본다면, 달콤하면서도 알딸딸한 쉰다리의 맛에 빠져든 자신을 발견하게 될 것이다. 그리고 한 모금 마실 때마다 입안에 퍼지는 상쾌한 맛과 함께, 제주의 자연과 사람들의 지혜를 느끼게 될 것이다.

이가영 ◆ 제주대학교 중어중문학과 교수

고소리술

어머니의 향과 땀이 담긴 술

음료·주류

　소주는 전통 증류주로서 곡물로 담근 밑술을 증류하여 만든 술이다. 원래는 이 증류식 술을 소주라고 불렀으나, 희석식 소주가 대중화되면서 우리가 아는 희석식 소주가 고유의 증류식 소주를 대신하게 되었다. 연금술에서 탄생한 소주는 아랍에서 몽골로, 몽골에서 제주에 이르기까지의 긴 여정을 거쳐왔다. 아랍어인 아락Arak, Araq은 본래 땀汗이란 뜻이었지만, 증류 기술이 발견되면서 증류주를 가리키게 되었다. 제주에서도 한 방울 한 방울 내려지는 것이 땀과 같다고 해서 고소리술을 한주汗酒라고 부르기도 한다. 제주의 어머니들은 낮에는 생계를 위해 밭일과 물질을 하고, 저녁이 되면 고소리술을 내려 장에 내다 팔아 생계를 유지했다. 고소리에서 한 방울, 한 방울 땀 흐르듯 떨어지는 술을 밤새 지켜보다가 잠자리에 들면 어머니의 몸에서는 술냄새와 땀냄새가 한데 어우러져 묻어났다. 한주는 한 방울씩 내려지는 술 때문에 붙여진 이름이지만, 제주에서는 어머니의 정성과 땀으로 빚어낸 술이었다. 그래서 제주에서는 고소리술을 모향주母香酒라고도 부른다.

연금술에서 태어난 소주

고소리술의 기원은 오래전으로 거슬러올라간다. 이야기는 연금술에서 시작된다. 금도 만들고 불사의 약도 만들어내고자 하는 열망에서 비롯된 연금술. 아랍에는 쇠를 황금으로 바꾼다는 연금술사도 있었는데, 이들은 금을 만들기 위해 물질들이 가진 순수한 성분들을 찾아야만 했다. 다양한 것들을 주전자에 넣고 올라오는 수증기를 추출해보다가, 과일주를 끓인 수증기를 통해 진한 알코올을 추출하게 됐다. 이에 연금술사들은 발효와 증류라는 과정을 통해 알코올을 얻고자 했다.

시작 단계는 발효였다. 연금술사들은 과일이나 곡물 등의 자연 재료를 사용하여 당분을 포함한 혼합물을 만들고, 이를 용기에 담아 발효시키기 시작했다. 발효가 진행되면서 혼합물은 점점 더 복잡한 향과 맛을 띠게 되었고, 낮은 알코올이 생성됐다. 다음으로 증류기를 사용하여 진한 알코올을 추출했다. 증류기는 불의 힘을 이용해 혼합물

음료·주류

을 끓여 증기로 만든 후, 이를 다시 냉각시켜 액체로 응축하는 장치였다. 이 과정에서 증류기의 관을 통해 흘러나온 액체가 바로 알코올이었다. 이러한 증류 기술을 통해 탄생하게 된 소주는 기원전 약 9세기 아랍에서 시작되었다고 한다.

아랍에서 몽골까지, 몽골에서 제주까지

증류할 때 낮은 도수의 알코올을 밑술로 삼는다는 점이나 맥주와 포도주 다음으로 증류주가 나타났다는 시기를 고려하여 소주의 탄생을 기원전 약 6000년경 이후로 보기도 한다. 이슬람 세계에서 인도, 동아시아로 이어지는 바닷길을 따라 증류기와 증류 기술이 전해졌다는 견해다.

몽골은 유라시아 전체를 아우르는 육지와 바다 교역의 네트워크를 만들었고 인도에서 페르시아만에 이르는 광활한 해상에서 활동했다. 이후 13세기경 전쟁을 위해 아랍을 침공한 몽골에도 증류 기술이 전해졌다. 과일이 부족한 초원에서 술이 될 만한 재료를 찾던 유목민들은 말젖을 사용하게 됐다. 유당을 함유한 말젖을 발효시켜 알코올 농도가 낮은 마유주를 만드는 데 성공했다. 말젖에 함유된 유당은 원래 알코올 발효에 잘 쓰이지 않지만, 초원지대에는 유산을 발효시키는 효모가 존재했기 때문에 마유주가 탄생하게 되었다. 몽골어로 아이락

airag이라고 불리는 술은 모두 마유주이다. 몽골의 아르히arkhi는 아이락을 끓여서 증류시킨 술이다. 이 술은 몽골에서는 '아르히' '아라키' '아얼키'로, 개성에서는 '아락주', 평북에서는 '이랑주', 제주에서는 '아랑주'라고 불리기도 했다.

중국술은 고량을 발효시킨 황주와 이를 증류시킨 백주로 크게 구분된다. 중국에서 증류주인 백주가 만들어진 시기는 몽골이 지배했던 원나라라는 설이 유력하다.

말젖으로 발효시킨 마유주보다 도수가 높아 상하지 않는 것이 특징이었던 증류주는 오랫동안 전쟁중인 몽골인에게 필수품이었다. 몽골인들은 자신들의 병참기지마다 이 증류주 제조장을 짓게 하였다. 몽골은 일본을 정복하기 위해 고려 땅에도 병참기지를 만들었다. 이에 몽골이 주둔지로 삼았던 개성, 전진 기지였던 안동, 제주, 이 세 지역에 증류주 제조장이 지어졌다. 이후 몽골인이 떠나면서 남긴 제조장을 중심으로 증류주인 소주가 만들어지게 된다.

살아 숨쉬는 제주 옹기로 내린 술

사람들에게 가장 잘 알려진 제주의 대표적인 옹기는 '허벅'이다. 제주에서의 허벅은 일상생활에서의 필수품이자 생계 수단이었다. 제주를 대표하는 사진을 보면 여성이 등에 허벅을 짊어지고 있는 모습

음료·주류

을 자주 볼 수 있다. 육지에서는 머리에 이고 있는 항아리가 익숙한데, 제주에서는 등에 진 허벅이 낯에 익다. 조선 정조 때 제주로 유배 간 조정철은 『정헌영해처감록靜軒瀛海處坎錄』에 "물 긷는 여자들은 큰 병을 대바구니에 넣어서 등에 지고 간다"라고 기록해뒀다. 제주에서는 1970년대 중반까지 중산간 마을에서 허벅을 대바구니에 넣어 등에 지고 샘터에 물을 뜨러 가는 여인들의 모습을 쉽게 볼 수 있었다고 한다. 제주의 허벅은 일상생활에서 제주 여성의 노동력을 대표하는 요소로 볼 수 있다.

제주의 전통 옹기는 입자가 가볍고 철분 성분이 많은 고냉이흙으로 만들어진다. 불길에 의해 녹아내리는 철분이 옹기에 은은하게 묻어나오기 때문에 유약을 따로 바르지 않는다고 한다. 철 성분이 많은 흙의 자연 산화 기법을 이용하는 것이다. 유약을 사용하지 않기 때문에 작은 숨구멍이 생겨난다. 그런 옹기에 담긴 액체는 항아리와 함께 숨을 쉴 수 있게 된다. 제주 옹기는 어떤 가마에서 구워지느냐에 따라 노랑 그릇과 검은 그릇으로 크게 구분된다. 일상생활에서 쓰이는 항아리는 주로 노랑굴에서 구워지고, 제사용 그릇이나 농기구는 주로 검은굴에서 구워진다. 이에 항아리, 허벅, 고소리 등의 기물은 주로 노랑굴에서 구워낸다.

고소리술을 만들어내는 고소리는 노랑굴에서 대부분 구워 나온다. 고냉이흙을 사용하고 유약을 바르지 않고 그대로 구워낸다. 검은굴에서는 800~900도의 낮은 온도로 구워낸다. 검은굴에서 구워진 그릇들은 '지새그릇(질그릇)'이라 불렀는데 기와의 고어인 '디새'에서 온 것으로 추정하고 있다. 연기를 기물에 침투시키는 기와를 구울 때와 비슷하고 구워 나온 옹기도 검은 회색을 띠게 된다. 노랑굴에서는 1200도의 고열로 옹기를 구워낸다. 검은굴의 옹기와는 달리 제주 노랑굴에서 구워낸 옹기는 붉은색을 띠는 것이 특징이다. 노랑굴의 출입구는 보통 우측에 있고 그쪽으로 출입해서, 굴뚝이 있는 가마 뒤쪽부터 옹기들을 쌓기 시작해 앞쪽에서 마무리를 한다. 검은굴은 뒤쪽으로 들어가 구워낼 옹기들을 앞쪽부터 뒤쪽까지 쌓아서 돌로 막아 마무리를 한다. 현재 대정읍 신평리에 있는 앞동산 노랑굴과 대정읍

구억리 섯굴 노랑굴 ⓒ김은희

구억리 구석팟 검은굴 ⓒ김은희

음료·주류

고소리, 국립민속박물관 소장

구억리의 섯굴 노랑굴, 대정읍 구억리의 구석팟 검은굴은 제주의 돌가마 형태를 알아볼 수 있는 대표적인 가마다.

현재 남아 있는 제주 가마에 관한 흔적 중 시기적으로 가장 이른 것은 삼별초와 관련된다. 13세기 후반 몽골 침략에 저항한 고려 삼별초의 최후 항전지인 항파두리성 안에서 돌로 만든 가마와 많은 기와 조각이 발굴되었다. 제주에서는 가마를 굴이라고 하는데, 다른 지역에서는 가마를 흙으로 만드는 데 반해, 제주에서는 제주 돌인 현무암과 흙으로 가마를 만든다.

제주 옹기 작업 중 재미있는 이름을 가진 작업이 있는데 '보로롱'이라고 하는 작업이다. 보로롱은 옹기에 문양을 새기는 도구인 대나무 칼을 부르는 이름이기도 하고, 옹기에 문양을 넣는 작업을 가리키기도 한다. 옹기를 빚은 다음 도공은 보로롱을 이용하여 빗살무늬 문양을 새겨넣는다. 대칼인 보로롱을 사용해 새긴 무늬도 보로롱이라고 부른다. 이 작업을 하면서 물레를 돌리는데 보로롱 보로롱 소리가 난다고 해서 이 작업을 제주에서는 보로롱이라고 한다.

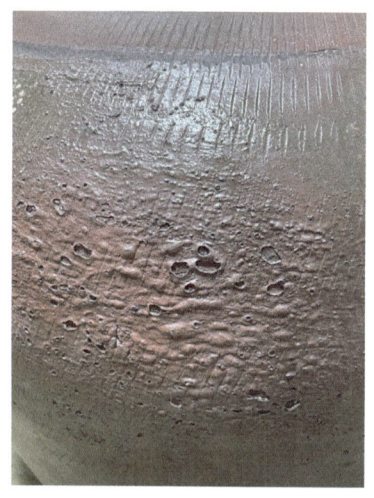

보로롱 문양과 옹기에 남겨진 소라 문양
ⓒ김은희

물레의 속도에 따라 보로롱 문양의 간격이 결정되는데 물레가 빠르면 간격이 넓게 새겨지고, 느리면 좁게 새겨진다. 제주 옹기는 유약을 사용하지 않고 불을 때는 과정에 타고 날린 재가 옹기에 앉아 녹아서 부분적으로 유리질을 형성하게 된다. 가마 속에 기물을 넣을 때 항아리끼리 서로 붙을 수 있는데, 이를 막고자 소라껍데기를 완충제로 사용하기도 한다. 소라 속에 남은 염분이 일종의 유약 역할을 하게 되어 소라껍데기와 같은 문양이 옹기에 남기도 한다.

고소리가 술 이름이 되다

고소리술은 제주의 거친 돌밭에서 생산된 좁쌀과 보리 등의 잡곡을 주원료로 빚은 술이다. 고려시대 몽골인이 일본 원정을 위해 한반도에 진출했을 때 개성, 안동, 제주 같은 몽골 주둔지에서 처음으로 소주를 빚기 시작하였다. 제주는 1273년부터 1367년까지 약 100년 동안

음료·주류

원의 간섭을 받는데, 소주도 그 영향 가운데 하나이다. 소주에 대해 전해오는 가장 오래된 기록은 『고려사』 우왕 원년(1365)의 기록으로 "사람들이 검소할 줄 모르고, 소주나 비단, 금이나 옥그릇에 재산을 탕진하니 앞으로 일절 금한다"라는 내용이 나온다. 이로 보아 적어도 소주는 고려 우왕 이전에 한반도로 전해진 듯하다.

습기가 많은 제주는 관절통과 신경통 같은 풍토병이 다른 지역에 비하여 많은 편이다. 여름의 긴 장마와 습하고 더운 곳에서 생기는 풍토병인 장기瘴氣에 고소리술은 치료 효과가 있다고 알려져 있다. 추사 김정희는 55세 되던 헌종 6년(1840) 9월부터 63세에 이른 헌종 14년(1848) 12월까지 8년 3개월 동안 제주 대정에 유배되었다. 『완당전집阮堂全集』 제3권 「서독書牘」에 다음과 같은 기록이 있다.

이 죄인은 3개월 동안이나 장기瘴氣로 인하여 학질瘧疾을 앓으면서도 이를 다스릴 수가 없어 한열寒熱이 침학侵虐하는 대로 내버려두고 그럭저럭 80여 일을 경과하였더니, 원기元氣가 점차로 손상되어 남김없이 떨어졌습니다. 그리하여 식보食補나 약보藥補는 모두 논할 것도 아니거니와, 우선 몸에 살이 온통 빠져버려서 자리에 편히 앉아 있을 수가 없어 궁둥이에 부스럼이 생길 지경이니, 이러고도 어떻게 오래갈 수가 있겠습니까. 게다가 벌레와 뱀까지 따라서 사람을 괴롭힙니다. 반 자나 되는 지네와 손바닥만한 거미들이 침석枕席을 횡행하는가 하면, 처마에서는 새끼 가진 참새가 날마다 뱀을 경계하여 지저귀곤 하는데, 이는 모두 북쪽 육지에서는 보지 못하던 것들입니다.

김정의『제주풍토록』에도 "쌀은 매우 적어서, 토호들은 육지에서 사 들여와 먹고, 힘이 달린 자는 밭 곡식을 먹는다. 청주는 매우 귀해 겨울이나 여름을 막론하고 소주를 사용한다"라고 기록되어 있다. 이원진의『탐라지』에는 "제주는 전통적으로 밭머리에 무덤을 만들며, 음사淫祀를 숭상하여 숲이나 연못, 높고 낮은 언덕의 나무나 돌에 제사를 지낸다. 봄과 가을에 광양당과 차귀당에는 남녀가 무리를 지어 술과 고기를 갖추어 신에게 제사를 지낸다. 제사에는 소주를 많이 사용한다"라고 나온다.『증보탐라지』에도 "제주에서는 예로부터 소주를 많이 마시는 것이 함경도와 유사하며, 이는 원의 유풍遺風이다"라고 전한다.

술을 마시지 말라는 금주령을 어기고 참형을 받은 제주목사 이야기도 있다. 윤구연은 영조 27년(1751)에 제주목사로 제주에 왔다가 1752년 12월에 제주를 떠났다. 제주목사로 재임중에는 백성들의 부역을 덜어주고 관아의 지방 관리들이 금품을 요구하는 일도 금지하게 한 목사로 기록되어 있다. 윤구연이 함경남도 병마절도사로 재임중 금주령을 어긴 죄로 영조 38년(1762) 영조가 친히 남문에 나가 참하

음료·주류

도록 하는 벌을 받고 죽었다. 식량이 부족했던 시절에 그냥 먹기도 모자란 쌀로 빚어낸 만큼 소주는 예전에는 귀한 술로 대접받았다. 쌀로 빚어 발효시킨 탁주나 약주와는 달리 증류하여 만들었기에 사용된 재료 양에 비해 추출된 술의 양은 매우 적었다. 제주는 밭이 절대적으로 많았기 때문에 자연환경의 영향으로 소주를 만드는 데 쌀 대신 좁쌀이나 차조 같은 잡곡을 대부분 사용할 수밖에 없었다. 고소리술은 잡곡을 빻은 가루로 오메기떡을 만들고 오메기떡에 누룩을 배합하여 발효시켜 만든 오메기술을 밑술 삼아 고소리를 사용하여 증류시켜 만든다. 제주를 대표하는 오메기술은 제주도 무형문화재 11호로 지정되어 있다.

  술을 증류하는 장치를 고리라 하는데 흙으로 빚은 것은 토고리, 동으로 만든 것은 동고리, 쇠로 만든 것은 쇠고리라 한다. 현재의 옹기로 된 소줏고리 이전에는 현무암을 솥뚜껑 모양으로 다듬어 만든 돌을 이용하였다. 제주의 고리는 알코올 증기의 냉각을 위해 찬물을 담는 윗부분이 큰 것이 특징이다. 고소리는 만들기가 매우 어려워 일반적으로는 주문에 의해서 제작되었고, 높은 값을 받았다. 이 고리를 제주에서는 고소리라 불렀고, 고소리를 통해 추출된 술도 고소리술이라고 부르게 되었다. 제주 전통 술의 이름들은 매우 다양한데 술을 만드는 기구로 이름이 붙여진 술은 고소리술이 유일하다.

김은희 ♦ 제주대학교 중어중문학과 교수

전남대학교에서 중국 음운학을 전공하여 박사학위를 받았다. 현재 제주대학교 중어중문학과에서 교수로 재직중이다. 중국 음운학을 전공했다. 주요 연구로는 「의사소통중심 입력에 기반한 TPRS 중국어 교수법 연구」와 선교사 자료를 검토한 만주어 관련 연구들이 있다. 만주어, 몽골어, 한어 등의 언어와 교수법에 많은 관심을 가지고 있다.

제주미각
고기국수부터 오메기떡까지, 척박한 땅에서 피어난 공생의 맛
ⓒ 정민경 이하영 외 2025

초판 인쇄 2025년 8월 28일 | 초판 발행 2025년 9월 16일

지은이 정민경 이하영 외
책임편집 임혜지 | 편집 고아라 이희연
디자인 김현아 | 저작권 박지영 형소진 주은수 오서영 조경은
마케팅 정민호 서지화 한민아 이민경 왕지경 정유진 정경주 김혜원 김예진 이서진
브랜딩 함유지 박민재 이송이 박다솔 조다현 김하연 이준희
제작 강신은 김동욱 이순호 | 인쇄 더블비 | 제본 신안문화사

펴낸곳 (주)문학동네 | 펴낸이 김소영
출판등록 1993년 10월 22일 제2003-000045호
주소 10881 경기도 파주시 회동길 210
전자우편 editor@munhak.com
대표전화 031)955-8888 | 팩스 031)955-8855
문학동네카페 http://cafe.naver.com/mhdn | 트위터 @munhakdongne | 인스타그램 @munhakdongne
북클럽문학동네 http://bookclubmunhak.com

ISBN 979-11-416-1261-0 03900

* 이 책의 판권은 지은이와 문학동네에 있습니다.
  이 책 내용의 전부 또는 일부를 재사용하려면 반드시 양측의 서면 동의를 받아야 합니다.
* 잘못된 책은 구입하신 서점에서 교환해드립니다. 기타 교환 문의 031)955-2661, 3580
* KOMCA 승인 필

WWW.MUNHAK.COM